UGO D. PERUGINI

APPRENDIMENTO FACILE

Metodologie e Strumenti di Lavoro per una Formazione Continua a Ogni Età

Titolo

"APPRENDIMENTO FACILE"

Autore

Ugo D. Perugini

Editore

Bruno Editore

Sito internet

http://www.brunoeditore.it

Tutti i diritti sono riservati a norma di legge. Nessuna parte di questo libro può essere riprodotta con alcun mezzo senza l'autorizzazione scritta dell'Autore e dell'Editore. È espressamente vietato trasmettere ad altri il presente libro, né in formato cartaceo né elettronico, né per denaro né a titolo gratuito. Le strategie riportate in questo libro sono frutto di anni di studi e specializzazioni, quindi non è garantito il raggiungimento dei medesimi risultati di crescita personale o professionale. Il lettore si assume piena responsabilità delle proprie scelte, consapevole dei rischi connessi a qualsiasi forma di esercizio. Il libro ha esclusivamente scopo formativo.

Sommario

Introduzione   pag. 5
Capitolo 1: Come liberarsi dai tabù dello studio   pag. 9
Capitolo 2: Come imparare in modo auto diretto   pag. 38
Capitolo 3: Come apprendere con successo   pag. 65
Conclusione   pag. 99

Introduzione

Siamo nella società della formazione continua. Gli Inglesi la chiamano *long life learning*. Ognuno di noi è quasi obbligato, dal mercato in cui opera o dai datori di lavoro ai quali fornisce la sua prestazione, a seguire corsi di formazione professionale, a imparare le lingue, ad addestrarsi su metodi di lavoro innovativi, ad approfondire le proprie competenze, le proprie capacità e, se non altro, a tenersi costantemente aggiornato e informato. D'altra parte, nessuno può sottrarsi a questa esigenza anche perché, in certi casi, è l'unico modo per salvaguardare il proprio valore sul mercato del lavoro, migliorare la propria posizione professionale e, di conseguenza, guadagnare di più.

Allo stesso tempo, però, su questo argomento circolano alcuni luoghi comuni duri a morire. Uno è quello che sostiene che studiare quando si è adulti è un compito faticoso, considerate le maggiori difficoltà di concentrazione, di comprensione, di memorizzazione che si possono incontrare durante la fase di formazione. Ecco, il corso che stai leggendo si pone l'obiettivo di sfatare questo mito. Non è vero che le persone adulte abbiano maggiori difficoltà rispetto ai giovani quando devono imparare cose nuove. Le neuro scienze ci confermano che a qualunque età, e utilizzando gli opportuni accorgimenti, è possibile favorire qualsiasi processo di apprendimento, in modo facile e immediato. Da parte mia, ti fornirò indicazioni utili e pratiche per scoprire quali sono questi meccanismi, aiutandoti con semplici esempi e facili esercizi. Il percorso che ti invito a fare insieme a me seguirà un preciso itinerario allo scopo di prepararti adeguatamente all'attività di apprendimento. La fase di preparazione assume, infatti, un valore strategico fondamentale perché una volta in possesso di tutti gli strumenti necessari ti sarà possibile affrontare senza problemi qualsiasi tipo di corso, dal semplice addestramento alle attività di formazione più complesse.

Sono convinto, peraltro, che questo non basta. Impegnarsi per imparare cose nuove non significa soltanto immagazzinare nozioni e conoscenze, incasellarle in un angolo della memoria dove poterle recuperare non appena si rendono utili. Significa diventare sempre più capaci di utilizzare gli strumenti della logica e del ragionamento. Significa imparare a sviluppare l'esperienza e la capacità di osservazione. Significa controllare i nostri sentimenti, le nostre emozioni. In una parola: significa essere disposti a scegliere la via del miglioramento di sé che porta inevitabilmente a una crescita personale. Per questo ti chiedo più di un generico impegno. Occorre che tu faccia leva sulle tue motivazioni e passioni più profonde. Io ti guiderò per individuarle, portarle alla luce e farle fruttificare. Al termine del percorso, probabilmente ti accorgerai che è successo qualcosa dentro di te. Qualcosa di molto importante e significativo. E sarà esclusivamente merito tuo.

Questo, occorre tenerlo a mente, avverrà indipendentemente dalle capacità del coach o dal metodo di studio che ti verrà proposto. Ti suggerisco di leggere il corso cercando di comprendere ogni termine, capirne a fondo il significato, facendo in modo che esso risuoni al tuo interno e non passi con eccessiva rapidità davanti al tuo schermo mentale, lasciando solo vaghe tracce del suo passaggio. In altri termini, il corso va letto con lentezza, in modo che la lettura possa rendere permeabile e autentica ogni parola.

Molti dei suggerimenti e dei consigli che troverai nel corso, nascono da esperienze personali che ritengo utile condividere con gli altri. Io ho 63 anni. Sette anni fa l'azienda presso cui lavoravo da oltre trent'anni mi ha prepensionato. Sono rimasto molto amareggiato per questa decisione. Mi sentivo ancora giovane e in grado di fornire il mio contributo alla società. Allora, mi sono rimesso a studiare. Ho approfondito i temi della formazione, che mi hanno sempre affascinato, ho seguito le ricerche delle neuro scienze, ho cercato di applicare su di me le varie metodiche e mi sono accorto che, nonostante l'età, potevo ancora imparare cose nuove e trasmetterle agli altri. E questo da allora è diventato il mio nuovo lavoro.

Ugo D. Perugini

CAPITOLO 1:
Come liberarsi dai tabù dello studio

Non ce la faccio a studiare
(paragrafo da leggere solo se hai pronunciato almeno una volta questa frase!)
Ecco una di quelle frasi che molti hanno pronunciato e continuano a pronunciare. Quando erano piccoli e frequentavano la scuola dell'obbligo, la pronunciavano per giustificare i loro scarsi risultati o, addirittura, l'abbandono della scuola. Ora che sono adulti e che vorrebbero ottenere un titolo di studio per fare carriera, oppure imparare una lingua, seguire un corso di perfezionamento ecc. continuano a pronunciarla per motivare le ragioni per le quali non possono ottenere un miglioramento della propria posizione economica, sociale e umana.

"Non ce la faccio a studiare!". Analizziamo a fondo questa frase, di per sé insignificante, ma che si è radicata all'interno della tua mente e sembra non la voglia più abbandonare. Perché non puoi

studiare? Comincia a chiedertelo sul serio. In altri termini, ti sei auto convinto che esistono dei limiti, delle barriere al tuo interno che ti impediscono di prendere certe decisioni. Ti senti vittima di un meccanismo più grande di te. Ma è proprio così? Il bello (o il brutto, a seconda del punto di vista da cui guardiamo la cosa) è che magari, dopo le esperienze scolastiche di quando eri ragazzo, non hai nemmeno più provato seriamente a studiare. Quello che ti frena è più la paura di un insuccesso (magari certi ricordi negativi legati alla scuola) che il desiderio di cambiare una volta per tutte la tua vita. Certo, dietro a una frase del genere c'è la tranquillità di un'affermazione che ci libera da qualsiasi responsabilità. È il solito ritornello! *«Vorrei ma non posso!»* quante volte l'abbiamo sentita una frase del genere.

A questo punto, prima di iniziare a leggere questo corso ti chiedo di modificare la frase che hai così profondamente inciso nel tuo intimo. Non più *«Non ce la faccio a studiare»* ma *«Non voglio studiare!»* Insomma, vorrei che tu ti prendessi le tue responsabilità. In altri termini, potresti impegnarti nell'apprendimento, cercare di imparare cose nuove, migliorare la tua conoscenza e la tua professionalità, ma sei proprio tu che non lo vuoi fare! Questo è un comportamento da persona seria e responsabile. Certo, poi, devi considerare che non potrai più lamentarti, non potrai più recriminare, né compiangerti. La decisione l'hai presa tu. Se, invece, come penso, è forte dentro di te il desiderio di studiare, di cambiare la tua vita, di migliorarla, di ottenere soddisfazioni nell'ambito professionale e personale, allora cancella dalla tua mente quella frase (in questo corso ti insegnerò come fare) e inizia un nuovo percorso che ti porterà ad affrontare il processo di apprendimento con apertura mentale, entusiasmo, spirito costruttivo e, soprattutto, con la sicurezza di ottenere risultati eccellenti.

Troppo vecchio per studiare?
Qualche volta sarà capitato a tutti di riflettere sulle proprie capacità di apprendimento e ci si sarà resi conto con terrore che risulta sempre più difficile concentrarsi e imparare qualcosa di nuovo. Allora, automaticamente scatta la reazione che è solo un'altra scusa per giustificarci: «*Sono troppo vecchio per studiare!*» Niente di più sbagliato. Eppure, ognuno di noi ricorda l'entusiasmo con cui ha acquistato un determinato libro, o ha aderito a un corso di formazione, con la speranza di poter ottenere

i risultati che si era prefissato. Altrettanto bene, e con molta delusione, ricorda però i suoi fallimenti: il libro appena sfogliato o fermo alle prime pagine, il corso al termine del quale ci si chiede se proprio ne sia valsa la pena, visto che ci si ritrova ancora al punto di partenza, senza aver ottenuto alcun tipo di miglioramento. Che cosa è andato storto? Quali errori sono stati commessi?

Cominciamo con il dire che l'età non c'entra. Se si vuole, si può imparare a ogni età. Ce lo confermano recenti studi scientifici sui quali torneremo più avanti. Ma il fatto di saperlo non basta, bisogna anche comportarsi di conseguenza. Quindi, per prima cosa occorre avere fiducia in se stessi e nelle proprie capacità. Crederci sul serio.

Anche i vip da adulti studiano

Tu vuò fa' l'americano è una delle canzoni più conosciute al mondo. È stata portata al successo da uno dei musicisti più amati in Italia, Renato Carosone, morto nel maggio del 2001. Autore di altri motivi di successo come *Torero, Maruzzella, Pigliate 'na pastiglia, 'O sarracino, Caravan petrol* ecc. Questo grande artista, a un certo punto della sua vita, giudicando che la sua musica ormai non fosse più gradita al pubblico, si ritirò dalle scene. Aveva 48 anni, era un musicista affermato eppure scelse di ricominciare a studiare musica, soprattutto quella classica e si rimise ad approfondire lo studio del pianoforte. Ma non gli bastava. Siccome era molto interessato anche all'arte, si iscrisse a un corso di pittura presso l'Accademia di Belle Arti di Brera a Milano.

Carosone, insomma, è la dimostrazione che, nonostante i successi ottenuti, non bisogna essere presuntuosi né arroganti al punto da credere che non ci sia più nulla da imparare. Una delle lezioni più importanti che ci possono dare esempi come questo è quella di mantenere sempre una certa modestia e umiltà di fondo. Riconoscere i propri limiti e capire che c'è sempre da imparare, anche perché, se ci sentiamo ripetere cose che già sappiamo, essendo noi cambiati profondamente, possiamo trarre da esse valori e significati che nel passato avremmo trascurato.

Come smascherare la velleità!
C'è un'insidia, però, di fronte alla quale occorre che tu stia

all'erta. Le persone, per loro stessa natura, sono portate a sognare a occhi aperti, immaginando che potranno ottenere tutto ciò che desiderano. Su questa debolezza dell'essere umano, prosperano tutti coloro che "vendono fumo", cioè che propongono libri, corsi, lezioni garantendo risultati eccezionali in ogni settore, con metodi efficacissimi per arricchire, diventare persone di successo, conquistare donne ecc.

Nella psicologia pratica questo atteggiamento significa, nella maggioranza dei casi, rincorrere dei "pii desideri", cioè delle velleità non realizzabili. La psicologia mette in guardia da questi atteggiamenti che portano poi a confrontarsi con cocenti delusioni. Citiamo un passaggio dal libro di Piero Giordanetti, *L'estetica fisiologica di Kant*: «I desideri vuoti, gli struggimenti dilatano il cuore, principio dell'azione, lo rendono debole e languido, ne determinano la spossatezza e lo infiacchiscono, sottoponendone ripetutamente le forze a una tensione volta a realizzare un oggetto irrealizzabile e causando di norma una ricaduta dell'animo nella consapevolezza della propria impotenza».

Gli antropologi si sono chiesti allora perché «la natura abbia posto in noi l'inclinazione a uno sterile dispendio di forze che gioca in ogni caso un ruolo importante nella vita umana». La risposta è semplice: «Se fossimo determinati a usare le nostre forze solo dopo esserci assicurati che le nostre facoltà sono sufficienti a ottenere l'oggetto, queste forze rimarrebbero per lo più inutilizzate».

In altri termini, al nostro interno, disponiamo di un surplus di energie che però vanno utilizzate in modo giusto, controllate e convogliate verso obiettivi ben stabiliti. Non basta l'entusiasmo iniziale per portare a buon fine i nostri progetti. Quello è utile per darci lo slancio di partenza ma poi occorre agire, impegnarsi direttamente, *sacrificarsi* (torneremo su questo termine più avanti) per realizzare quanto sognato.

Citiamo una frase dal recente film *Marigold Hotel* che ben evidenzia la nostra tendenza ad essere in certi casi troppo velleitari. Ecco cosa dice una persona che aveva deciso di perdere i chili di troppo: «Mi sono iscritto a una palestra ma non ho visto alcun miglioramento. Poi però mi hanno detto che dovevo frequentarla...».

SEGRETO n. 1: «L'uomo, per sua natura, dispone di un surplus di energie che si attiva di fronte a un possibile obbiettivo da raggiungere. Perché tali energie non si disperdano nell'entusiasmo iniziale, bisogna controllarle e convogliarle per raggiungere gli obiettivi stabiliti».

Attenzione alla pigrizia!
Che cosa ti impedisce di seguire i programmi di un corso con la necessaria determinazione e convinzione e di ottenere quello che vuoi? La risposta più semplice e immediata è: la pigrizia. In effetti, dietro questo termine c'è ben altro. Prima di tutto, c'è un atteggiamento di difesa dello *status quo*. Tutti abbiamo paura del nuovo, siamo tendenzialmente conservatori, nel nostro profondo temiamo ogni cosa che potrebbe modificare le nostre abitudini di vita.

L'essere umano è un aggregato di abitudini. Le abitudini sono un elemento positivo della vita perché ci facilitano l'esistenza. Sono gesti ripetitivi di cui siamo sicuri e che servono per evitarci, ogni volta, di dover riflettere sulle soluzioni da adottare. Qualsiasi cambiamento che introduciamo nella nostra vita, anche minimo, va a colpire in maniera devastante le nostre zone di comfort, cioè quegli ambiti della nostra esistenza dominati dalle abitudini e dalle consuetudini che ci fanno sentire sicuri, protetti e tranquilli.

La sola idea di mettere in discussione queste oasi della nostra vita ci può angosciare e ci sentiamo subito aggrediti dalla paura dell'ignoto. Da sottolineare che le abitudini si radicano in modo sempre più profondo con il trascorrere degli anni. Quindi, per le persone adulte, il primo, vero ostacolo da superare di fronte alla decisione di iniziare un corso di formazione, è accettare il cambiamento. Accettarlo prima di tutto come una nuova, esaltante, filosofia di vita.

Riportiamo a questo punto una frase di Osho che sembra perfetta per l'occasione: «La mente è un meccanismo, non ha alcuna intelligenza. Non un solo pensiero è originale ma si tratta sempre di ripetizioni. Osserva: ogni volta che la mente ti dice qualcosa, ti sta introducendo in una routine. Cerca di fare qualcosa di nuovo, e la mente avrà minor presa su di te».

Sacrificio: una brutta parola?

Prima ho introdotto una parola che da qualche anno non è più di moda. Nessuno la pronuncia più, ma soprattutto nessuno la pratica. Mi riferisco al termine *sacrificio*. Forse, negli ultimi tempi, a causa della crisi economica che morde sempre di più, questo vocabolo ha ripreso a circolare ma siccome è imposto da eventi esterni negativi o spiacevoli (mancanza di denaro, di lavoro ecc.) viene ancor più screditato.

Andiamo invece all'origine etimologica del termine e scopriremo la grande nobiltà di questa parola: *sacrum facere,* cioè compiere qualcosa di sacro. Insomma, le persone che si adagiano sulle proprie abitudini e ripetono all'infinito gli stessi comportamenti (routine) non sono altro che esseri comuni, mediocri, profani, che in questo caso significa non solo essere lontani da qualsiasi connotazione sacra, ma anche essere privi della conoscenza necessaria.

Quando si decide di cominciare a studiare a qualsiasi età e si è consci che questo impegno richiederà sacrifici, si è pronti anche a lasciare una strada comoda e conosciuta per affrontarne un'altra destinata a produrre grandi cambiamenti in noi. Ci vuole coraggio, determinazione, ma occorre anche conoscere con esattezza le scelte da compiere. Te la senti?

«Il difficile non è raggiungere qualcosa, ma liberarsi dalla condizione in cui si è». *Marguerite Duras*

Come liberarsi da certi *pesi* del passato

Riporto una serie di definizioni con le quali, bene o male, ognuno di noi si è dovuto confrontare durante le proprie esperienze scolastiche. Frasi che sono entrate nel subconscio e hanno lavorato come dei tarli silenziosi, sgretolando pian piano la nostra autostima per quanto riguarda le capacità di apprendimento e di studio. Eccone un piccolo ma significativo elenco:

- «È intelligente ma non si applica»;
- «È troppo timido, ha difficoltà a relazionarsi con gli altri»;
- «È spesso distratto. Ha difficoltà a porre attenzione alle spiegazioni»;
- «Potrebbe fare di meglio ma è pigro»;
- «Credo che non sia portato per lo studio».

Qual è la causa dell'errata interpretazione di queste affermazioni? Sono gli stili di pensiero che su di esse sono stati costruiti, definiti errori o distorsioni del pensiero. Nel paragrafo che segue, vedremo i più frequenti errori di questo tipo, la loro spiegazione logica e, per ognuno di essi, un esempio chiarificatore.

1. Pensare in modo polarizzato (o bianco o nero). Di solito questo tipo di pensiero appartiene a persone che sono fondamentalmente insicure e che cercano di estremizzare la realtà in cui operano anche per poter più facilmente giustificare i propri insuccessi. Di fronte a un'esperienza di studio, potrebbero esclamare: «È troppo difficile, non sono all'altezza di un tale compito!»

2. Etichettare. In questo caso, siamo di fronte a una persona che è alla ricerca di semplificazioni in ogni ambito perché questo procedimento rende la realtà meno complessa. Si tratta anche qui di una persona pigra, come chi formula pensieri polarizzati, e preferisce mettersi addosso un'etichetta, pur di non doversi sforzare per comprendere il proprio atteggiamento rinunciatario. La sua frase tipica: «Non c'è niente da fare. Sono un incapace!»

3. Ragionare emotivamente. La persona che ricorre a questi ragionamenti sa comprendere piuttosto bene i propri sentimenti e le proprie emozioni ma li strumentalizza per giustificare l'incapacità di agire. Pronuncerà, spesso, frasi del genere: «Mi sento bloccato, teso, confuso, non ce la faccio proprio a studiare!»

4. Leggere il pensiero. In questo caso, la persona che si ha di fronte non ha capacità extrasensoriali, né tanto meno è in grado di leggere il pensiero. Ma, se la ascolti sembra convinta di quello che dice, come se davvero possedesse un sesto senso. È un sistema che tende a giustificare gli scarsi risultati di studio, attribuendo ad altre persone (il coach o il docente) giudizi negativi su di sé. La sentirete spesso dire frasi del tipo: «È chiaro: io non gli piaccio».

5. Prevedere il futuro. È una posizione analoga alla precedente. La differenza è che la prima tende ad attribuire significati negativi agli atteggiamenti di una persona ben individuata, la seconda ha la pretesa di conoscere come si svolgeranno le cose: «Non inizierò questo corso di formazione perché sono certo che non riuscirò a portarlo a termine con successo».

6. Catastrofizzare (effetto Cassandra). Chi ricorre a questi pensieri negativi è portato a immaginarsi lo scenario più terribile. La sua fantasia è in grado di fargli sentire sulla propria pelle il disagio della situazione che sta immaginando. A questo punto esclamerà: «Non ce la farò. Fallirò senz'altro».

7. Pretendere. Sono le persone che si portano dietro dal proprio vissuto un'educazione autoritaria, fatta di obblighi e doveri. Sentono su di loro il peso delle proprie responsabilità ma lo caricano esageratamente, fino a diventare incapaci di prendere qualsiasi decisione. Rimangono bloccati in partenza e non fanno altro che ripetere ossessivamente: «Devo farcela. Devo assolutamente riuscirci».

8. Personalizzare. La persona che utilizza questo modo di pensare è abituata, da esperienze passate, a sentirsi in ogni circostanza vittima degli eventi e responsabile di quanto avvenuto. Il suo Io è al centro di ogni pensiero. Un Io sempre molto al di sotto delle aspettative e che si fa carico di mille rimpianti e rimorsi. La sua frase tipica è: «Se mi fossi impegnato di più, se avessi lavorato meglio ecc.».

9. Ipergeneralizzare. Qui si nota anche una sorta di atteggiamento superstizioso. La superstizione è una forma di semplificazione della realtà che si basa su concetti irrazionali. Ad esempio, se una cosa è andata storta, allora tutto va storto: «Non c'è nulla da fare. Succede sempre così» esclama chi prova questi pensieri. Il destino è più forte di lui. È anche un comodo sistema per giustificare gli insuccessi.

10. Applicare filtri mentali. È un *escamotage* piuttosto sottile al quale ricorre chi prende in considerazione solo le prove che possono confermare i suoi sentimenti e i pensieri più negativi. Ad esempio, di fronte a un insuccesso, egli esclama: «Tutti mi criticano sempre», dimenticandosi che vi sono state invece numerose altre circostanze in cui il risultato del suo lavoro è stato più che apprezzato.

La panoramica di pensieri bloccanti che abbiamo illustrato, ma che naturalmente può prevedere infinite sfumature e varianti, è importante perché ci fa capire a quali strumenti ricorre spesso il nostro subconscio per ostacolare i nostri progetti. È assai probabile che molti di voi abbiano formulato pensieri di questo tipo e che siano riusciti da soli a renderli innocui con i mezzi di cui disponevano: buon senso, ottimismo, ironia ecc. Averli individuati, razionalizzati è stato un primo passo importante. Il passo successivo invece, consiste nel disinnescarli, metterli in discussione smascherandone la natura e l'origine.

I pensieri negativi nascono dalle scorie del nostro passato
Abbiamo visto come i pensieri negativi siano legati al passato e affondino prevalentemente le proprie radici in esperienze infantili, più o meno traumatiche, alimentate dal risentimento e dalla paura del giudizio negativo, che hanno condizionato, e continuano a farlo, il nostro io e che proiettano i loro effetti perversi nel nostro futuro. Tienilo bene a mente: questo è il loro modo per dominarci completamente.

Bisogna imparare a osservare questi pensieri senza restarne invischiati emotivamente. Con particolari esercizi, di cui accenneremo più avanti, possiamo intervenire direttamente sui nostri pensieri negativi, possiamo cambiarne il corso, in modo da evitare che essi ci ingombrino la mente e condizionino le nostre azioni.

Il nostro atteggiamento deve essere imparziale, privo di giudizio. Immaginiamo che questi pensieri galleggino sopra la corrente di un fiume. Li vediamo passare dinanzi a noi, ma non dobbiamo né evocarli né cercare di scacciarli, né tanto meno giudicarli. L'unica cosa che si può fare per renderli innocui è capire che noi siamo altro da loro.

Loro sono contingenze, echi distorti di un passato senza storia, noi esseri reali che viviamo nel presente, consapevoli delle nostre potenzialità e capaci di accettarci per quello che siamo. In altre parole, siamo liberi di fare quello che vogliamo, se lo vogliamo.

SEGRETO n. 2: i pensieri negativi sono legati al passato e affondano prevalentemente le loro radici in esperienze infantili, più o meno traumatiche, alimentate dal risentimento e dalla paura del giudizio negativo, che condizionano il tuo io e hanno effetti perversi sul futuro.

Come sconfiggere i pensieri negativi che fingono di essere *magici*
Molti di noi ricorrono ai maghi o alle fattucchiere quando hanno

perso fiducia in se stessi. Allo stesso modo, noi ricorriamo a pensieri, cosiddetti *magici*, quando la nostra autostima si abbassa pericolosamente. Ma i pensieri *magici* non esistono. Esistono solo i pensieri negativi che non si limitano a bloccare la nostra iniziativa e la nostra volontà, ma finiscono spesso per diventare profezie che si auto avverano. Cioè che sono in grado di creare un meccanismo perverso che le trasforma in realtà.

Come funziona questo meccanismo? Il primo a studiarlo fu Robert K. Merton che partì da un famoso teorema che diceva: «Se gli uomini definiscono certe situazioni come reali, esse sono reali nelle loro conseguenze». In altri termini: un'idea, pur essendo falsa, per il solo fatto di essere creduta vera, porta la persona a comportarsi in modo da avverare l'aspettativa. Questo principio ha conseguenze importanti dal punto di vista sociale, cioè nei rapporti con i nostri simili.

Pensiamo, ad esempio, ai pregiudizi nei confronti di persone di altre etnie. Se riteniamo che queste siano violente e pronte a farci del male, il nostro comportamento nei loro confronti sarà di ostilità e di diffidenza e, così facendo, influenzeremo il giudizio che tali persone avranno di noi, generando una reazione a catena che potrebbe portarle ad assumere proprio gli atteggiamenti che noi temevamo. Lo stesso vale quando giudichiamo una persona dal suo modo di vestire, di parlare, di comportarsi, fermandoci superficialmente alle prime impressioni.

Questo atteggiamento favorisce naturalmente la creazione di stereotipi, cioè di definizioni precostituite, altra forma sotto la quale si manifesta l'abitudine. In pratica, volendo evitare la fatica di riflettere su un problema e di formulare di volta in volta un nostro giudizio autonomo, finiamo per applicare uno degli stereotipi belli e pronti che ci siamo costruiti o che altri hanno preparato per noi e, alla fine, vediamo solo ciò che ci aspettiamo di vedere.

La profezia che si auto avvera da serpe in seno può diventare un'eccezionale opportunità
La cosa drammatica, però, è che questo meccanismo perverso, che tanti danni fa nell'ambito sociale, funziona, come abbiamo visto negli esempi più sopra, anche in relazione a noi stessi e ai nostri pensieri. Quando pensiamo o temiamo che avvenga

qualcosa di negativo ci comportiamo in modo tale che la previsione si realizzi davvero. La stessa cosa avviene quando una persona teme di essere considerata antipatica dagli altri e, allo stesso tempo, mette in atto un comportamento di chiusura e di arroccamento così da sembrare davvero sgradevole.

Come fare a superare questi ostacoli? Bisogna operare un cambiamento nelle modalità percettive e reattive nei confronti della realtà. Ma ognuno di noi ha una sua visione della realtà. Secondo Watzlawick la realtà che crediamo di vedere non è altro che una realtà inventata e ingannevole. Questo può crearci un senso di smarrimento. E una domanda sorge spontanea: «Se non riesco a vedere obiettivamente nemmeno la realtà che ho dinanzi a me, come faccio a non essere influenzato da opinioni o pregiudizi che ho maturato dentro di me?»

E qui arriva la soluzione semplice ma esaltante. Se quanto abbiamo detto sopra è vero e io sono portato ad auto-ingannarmi, posso sfruttare questo perverso meccanismo a mio favore. Posso convincermi, ad esempio, di essere una persona simpatica. Anche in questo caso si potrà avverare la profezia. Se mi comporterò da persona socievole, aperta agli altri, pronta al sorriso, a questo punto chi è intorno a me, automaticamente, mi sorriderà, mi troverà gradevole e simpatico. Ecco che il circolo *vizioso* si è trasformato ed è diventato *virtuoso*. Diciamocelo subito. Non si tratta di un processo facile, ma vale assolutamente la pena tentarlo perché i risultati sono garantiti!

Consigli ed esercizi per scacciare i pensieri negativi
L'esercizio che ti propongo ha lo scopo di prendere contatto con la propria mente e di osservare i pensieri negativi che in essa fluttuano e le connessioni che creano. Non è facile controllarne il flusso e isolarli perché essi si muovono in continuazione e cambiano aspetto, quasi a volerci ingannare, però è importante cercare di osservarli in modo cosciente perché così facendo si riducono i loro effetti e se ne scopre il gioco.

Occorre, in sostanza, assumere un atteggiamento di *osservazione neutra*, lasciarli scorrere osservandoli, senza scacciarli né giudicarli. È chiaro che ognuno di essi porta con sé un carico emotivo molto forte. Ecco, perché è necessario evitare di formulare qualsiasi giudizio di valore. All'inizio, si può procedere con le attività di rilassamento che conosciamo e ci sono maggiormente usuali (disporsi in un luogo silenzioso e tranquillo, svolgere una serie di respirazioni profonde, chiudere gli occhi).

- dopo aver fatto il vuoto intorno, prendiamo al volo il pensiero negativo che, come una falena attirata dalla luce, gira scompostamente attorno a noi. Ora è ferma, bloccata in una retìna e possiamo osservarla tranquillamente;
- cerchiamo di vedere quale emozione crea in noi, senza però rimanerne coinvolti;
- meditiamo su quello che stiamo facendo: stiamo osservando un pensiero negativo responsabile di un'emozione altrettanto deleteria. Emozione che però al momento non ci tocca. Anzi, il poterla vedere, quasi sezionare mentalmente, ci consente in qualche modo di controllarla;
- nel ripetere l'osservazione dovremmo essere in grado di accorgerci come la tensione emotiva che comunque si irradia da essa, si riduce sempre di più;
- ora possiamo divertirci a ripetere dei ricordi che in qualche modo possono essere legati a quel pensiero negativo. Li facciamo passare davanti a noi, quasi in rassegna, e ci accorgeremo che essi non ci faranno più alcun effetto, non ne

avremo paura o ansia, li accetteremo consapevolmente, arrivando addirittura a sorriderne;
- l'esercizio va ripetuto spesso anche perché non sempre si può disinnescare completamente un pensiero negativo al primo colpo. Inoltre, è evidente che ciò rientra in un processo di crescita personale che richiede tempo;
- con l'abitudine sarà possibile anche utilizzare questa tecnica in qualsiasi circostanza, quasi come un'automatica reazione al primo comparire di qualche *falena*. Significa che abbiamo creato una specie di anticorpi (*antipensieri negativi*) che entrano in funzione appena ce n'è bisogno.

SEGRETO n. 3: l'osservazione neutra dei nostri pensieri negativi prevede che ci dissociamo da essi e cerchiamo di osservarli dall'esterno, come se fossimo spettatori non coinvolti.

Esercizio pratico. Prendiamo, ad esempio, una persona che abbia un pensiero negativo di questo tipo: «Non riesco a studiare. Sono incapace. Tutto quello che faccio non va bene». È facile capire che dentro queste frasi si nascondono molti di quegli schemi

mentali che abbiamo sopra descritto. Le riassumo sinteticamente:
- pensare in modo polarizzato (*Ha una visione troppo estremizzata della realtà*);
- etichettare (*Sono un incapace*);
- applicare filtri mentali (*Non riesce a riconoscere le cose buone che ha fatto e si concentra invece su quelle negative*);
- ipergeneralizzare (*Tutto quello che faccio non va bene*);
- ragionare emotivamente (*Enfatizza i sentimenti piuttosto che i fatti*).

Come riuscire a depotenziare questi errori del pensiero? Fatti alcune domande e cerca di risponderti in modo sincero.
- Se il tuo migliore amico si trovasse in una situazione simile alla tua, direbbe che è un incapace?;
- Descrivi quello che hai fatto nell'ultima settimana e che non è andato bene;
- Ora descrivi quelle stesse cose, senza applicare alcun giudizio, elencandole e specificandole una per una;
- Rifletti e rispondi ora: cosa significa essere incapace?;
- Quali sono le situazioni che ricordi e che ti fanno credere di essere un incapace? Fai un elenco;

- Quali sono le situazioni che ricordi e che ti fanno credere di non essere un incapace? Fai un elenco;
- Osservando entrambi gli elenchi, ora diresti di essere un incapace? Rivedi entrambi gli elenchi e cerca di ottenere una visione equilibrata. Ad esempio, potresti dire: «Sono bravo in alcune cose e meno bravo in altre, ma questo non mi rende un incapace».

Con questo esercizio semplice ma efficace hai capito che è possibile intervenire direttamente sui tuoi pensieri negativi per evitare che ingombrino la tua mente e ti carichino di emozioni inutili e corrosive. Hai capito che puoi osservare in modo consapevole l'interno del tuo meccanismo mentale. Puoi modificare e annullare, se lo vuoi, il peso delle cariche emotive che tali pensieri si portano dietro.

Puoi diventare, insomma, un po' più libero. L'unica condizione è che ti dissoci da essi, cioè, in sostanza, che cerchi di osservarli dall'esterno, proprio come se fossi uno spettatore neutrale. In termini tecnici, questo comportamento si chiama proprio dissociativo. È un po' come schiacciare la frizione di un'auto. Il *motore:* non si ferma, continua ad andare, ma non ha più alcun effetto sul movimento della vettura. Puoi lasciarlo andare al minimo o accelerarlo al massimo a piacimento senza che abbia presa sulle ruote.

L'aver reso impotenti i pensieri negativi è naturalmente solo il primo passo. Hai visto quanto sia importante però sostituirli con pensieri positivi. Per far questo devi effettuare l'operazione contraria. Al posto del processo dissociativo, occorrerà mettere in atto un processo associativo. Non devi più essere uno spettatore passivo dei tuoi pensieri ma intervenire su di essi, viverli in prima persona, stimolando quelli positivi affinché essi abbiano un effetto potenziante sulla tua vita.

Abbiamo visto che ciò è possibile perché «le cose immaginate in modo vivido, coinvolgendo in pieno tutti i nostri sensi e le nostre emozioni, sono percepite dalla mente come reali». È la forza della suggestione che è in grado di modificare anche il nostro modo di pensare e di agire. Bisogna riconoscere che il termine *suggestione* non è considerato molto positivamente. Nel linguaggio comune lo si associa spesso a comportamenti manipolativi nei confronti delle persone. In parte può essere vero, ma come ogni strumento potente, quello che conta è il senso di responsabilità con il quale lo si maneggia.

Nel nostro caso specifico, poi, la suggestione verrà rivolta solo al nostro interno. Ecco allora che il concetto di suggestione e suggestionabilità assume contenuti ben più positivi, rappresentando l'espressione della motivazione dello stato emozionale per mezzo di un'attività o psichica o fisica orientata verso l'esecuzione di inviti interiori, propositi, desideri, volontà.

Moltissimi sono i libri e i corsi che trattano approfonditamente di questi temi. Qui, per quanto ci riguarda, accenneremo solo ad alcuni aspetti più generali, convinti peraltro che ogni persona deve compiere un suo percorso per arrivare a *suggestionarsi* positivamente, visto che spesso i suggerimenti troppo mirati finiscono per banalizzare certi rituali, sminuendone l'effetto.

Il tuo problema è il pieno recupero dell'autostima nei confronti della possibilità di studiare con profitto? Allora, non ci sono dubbi: questo obiettivo va introiettato, imponendoti di comportarti *come se...* . È il *come se...* la chiave di tutto. Se può aiutarti, pensa di essere un attore che sta preparando a una parte. Sappi che il teatro compare spesso nelle attività psicoanalitiche come formidabile soluzione per risolvere i problemi personali. Devi entrare nella parte, devi calarti nel personaggio e per fare questo devi imitare e ripetere quegli atteggiamenti che lo caratterizzano.

«Sono pronto a studiare. Sono aperto ad accogliere qualsiasi nozione. Riuscirò a ottenere ciò che desidero. Sono sicuro di me e gli altri apprezzeranno i miei sforzi». Lo spirito con cui si affronta qualsiasi esperienza parte dalla consapevolezza e dalla responsabilità. Significa disporsi con animo sereno e aperto ed essere pronti a dire sì. Liberarsi di tutti quegli orpelli che ci confondono la mente e trasformarli da *falene* che incutono paura a splendide *farfalle* colorate, che prendono il volo verso un grande percorso di crescita personale.

RIEPILOGO DEL CAPITOLO 1

- SEGRETO n. 1: «L'uomo, per sua natura, dispone di un surplus di energie che si attiva di fronte a un possibile obbiettivo da raggiungere. Perché tali energie non si disperdano nell'entusiasmo iniziale, bisogna controllarle e convogliarle per raggiungere gli obiettivi stabiliti».
- SEGRETO n. 2: I pensieri negativi sono legati al passato e affondano prevalentemente le loro radici in esperienze infantili, più o meno traumatiche, alimentate dal risentimento e dalla paura del giudizio negativo, che condizionano il tuo io e hanno effetti perversi sul futuro.
- SEGRETO n. 3: L'osservazione neutra dei nostri pensieri negativi prevede che ci dissociamo da essi e cerchiamo di osservarli dall'esterno, come se fossimo spettatori non coinvolti.

CAPITOLO 2:
Come imparare in modo auto diretto

Conoscere come funziona la macchina che guidiamo

Quando affrontiamo l'esame per la patente di guida dell'auto, oltre a conoscere il regolamento stradale, ci viene data un'informazione di carattere generale sul funzionamento del motore della nostra autovettura. Sono indicazioni superficiali, con esse certamente non potremmo mai diventare dei buoni meccanici, ma sono comunque informazioni importanti perché servono a dare un significato agli strumenti che dobbiamo utilizzare: ad esempio, il freno, l'acceleratore, la frizione, il cambio per ingranare le marce ecc. Analogamente, anche chi si appresta a intraprendere un percorso di apprendimento ha bisogno di conoscere, almeno a grandi linee, come funziona quella splendida macchina che è il suo cervello, i meccanismi e le modalità con cui opera, qual è la benzina che la fa funzionare, quali i problemi che potrebbero diminuirne la potenzialità ecc.

In questo capitolo cercherò di fornirti gli elementi di base in grado di orientarti meglio e padroneggiare tutti gli strumenti di cui la natura ti ha dotato per favorire l'attività di apprendimento. Capirai come i filtri affettivi possano danneggiare il processo di apprendimento, cosa si intende per comprensione empatica, seguendo esercizi e pratiche meditative che possono aiutare il processo di acquisizione, che è quello al quale devi tendere.

Per finire, una recente ricerca in campo delle neuroscienze ci consente di nutrire grandi speranze sulla possibilità del nostro cervello di rinnovarsi, di sostituire i neuroni morti, in contraddizione con l'idea comune che vuole che lo sviluppo del cervello si fermi al terzo anno di vita e che appena dopo la maturità inizi il periodo di declino.

Emisfero destro ed emisfero sinistro: due funzioni diverse
Una persona per apprendere con efficacia deve essere coinvolta in modo completo, mente e corpo. Partiamo dalla mente e cominciamo con il dire che la scienza, la neurologia in particolare, ha stabilito in modo preciso che esistono due emisferi cerebrali, uno posto a sinistra e l'altro a destra del nostro cranio,

che lavorano in maniera specializzata. Gli studi di psicologia ce lo hanno confermato e hanno individuato la natura della specializzazione: l'emisfero sinistro ha compiti di natura analitica, sequenziale e logica, l'emisfero destro ha compiti di natura globale, simultanea, analogica.

Arrivando a un'estrema sintesi, potremmo dire che l'emisfero sinistro ha una prevalente funzione denotativa e quello destro una funzione connotativa. Vediamo schematicamente le differenze.

- **Funzione denotativa**: descrizione oggettiva dei contenuti, analisi avalutativa, asettica, descrittiva, limitata a componenti ben individuati e fisicamente percepibili.
- **Funzione connotativa:** descrizione dei contenuti, dei valori simbolici, culturali, sociali e dei significati che assumono nel contesto, collegati al proprio vissuto personale.

Per capire la differenza tra le due funzioni ci può aiutare nientemeno che Luigi Pirandello. Utilizzeremo per questo un suo esempio che aveva altri scopi (far capire la diversità tra comicità e umorismo): supponiamo di vedere una donna anziana, truccata e vestita in modo appariscente. Secondo i canoni di cui disponiamo, per cui una signora anziana deve vestirsi in modo sobrio e non deve eccedere nel trucco, non possiamo che giudicare ridicolo il suo atteggiamento e, magari, riderne. Ma se riflettiamo sui motivi psicologici di tale comportamento, se pensiamo che la donna anziana si atteggia così perché tenta di allontanare da sé lo spettro della vecchiaia e della morte, ecco che cogliamo un altro significato ben più importante e individuiamo nella sorte di lei, quella di tutta l'umanità. (E non rideremo più.)

Nel primo caso (avvertimento del contrario) avremo attivato semplicemente la funzione denotativa, nel secondo (sentimento del contrario) anche quella connotativa. È evidente che una conoscenza vera non può fare a meno di entrambe le funzioni. A maggior ragione, l'apprendimento non attiva solamente l'emisfero sinistro ma coinvolge entrambi gli emisferi in un'azione coordinata e complementare. Solo così è possibile sfruttare completamente le potenzialità acquisitive della persona. Per farlo bisogna tenere presente però le diverse esperienze formative degli adulti che possono aver privilegiato nel proprio passato l'emisfero sinistro piuttosto che quello destro e viceversa.

Metodo induttivo o deduttivo

Se esistono due diverse modalità in cui opera il cervello a seconda dell'emisfero che viene coinvolto, bisogna considerare tuttavia che le informazioni vengono elaborate secondo una precisa direzione che va dall'emisfero destro a quello sinistro. In altri termini, si attiva prima la funzione connotativa, quella più complessa che coinvolge anche i sentimenti, quindi quella denotativa, più razionale. Questo processo si applica in modo analogo all'apprendimento. L'apprendimento più naturale e spontaneo è quello che utilizza il sistema induttivo rispetto a quello deduttivo.

Vediamo anche qui di capire la differenza. Per metodo induttivo si intende una serie di processi che portano ad apprendere attraverso tre fasi:
- formulare delle ipotesi;
- verificare che tali ipotesi vengano confermate dalla realtà;
- valutare se la nuova regola intuita, ipotizzata e verificata può essere fissata nella mente.

Il metodo deduttivo, quello più scolastico per intenderci, propone, invece, subito le regole allo studente che ha il compito di memorizzarle e applicarle. Quindi, in sintesi, possiamo dire che l'apprendimento degli adulti che tenga conto della persona nella sua complessità non può che procedere dal connotativo al denotativo, dall'induttivo al deduttivo, insomma, dal globale all'analitico.

Acquisizione e apprendimento

Alcuni studiosi sottolineano una differenza importante tra apprendimento e acquisizione. Il primo è un procedimento razionale e volontario ma di durata breve che non genera un cambiamento radicale del proprio comportamento, mentre l'acquisizione è un procedimento più profondo e stabile che genera processi automatici che vanno a far parte della competenza di ogni persona.

L'acquisizione, infatti, diventa un processo inconscio che sfrutta le caratteristiche globali dell'emisfero destro insieme a quelle analitiche dell'emisfero sinistro. C'è però un grosso problema che va subito messo sul tappeto. Per arrivare a un procedimento di acquisizione, cioè di apprendimento più profondo e stabile, occorre che non vi sia interposto alcun filtro affettivo. Cerchiamo di capire in cosa consiste. Per filtro affettivo si intende una forma di difesa psicologica, una specie di paravento emotivo che la mente predispone quando una persona agisce in uno stato di ansia, quando ha paura di sbagliare, quando teme di mettere a rischio la propria immagine e quindi, in qualche modo, si preoccupa che venga incrinata la propria autostima. In queste condizioni si può avere, al massimo, apprendimento ma mai acquisizione.

D'altra parte, per mettersi in moto e continuare a funzionare all'unisono, mente e cervello devono avere una forte spinta motivazionale. Senza motivazione non c'è né acquisizione né apprendimento.

SEGRETO n 4: il filtro affettivo è una forma di difesa psicologica, una specie di paravento emotivo che la mente predispone quando una persona agisce in uno stato di ansia, quando ha paura di sbagliare, di mettere a rischio la propria immagine e quindi, in qualche modo, teme di perdere la propria autostima.

Come individuare le giuste motivazioni allo studio

Come abbiamo visto sopra, l'apprendimento è un procedimento governato dall'Io, che spinto da motivazioni interne, prepara la strategia più adatta a soddisfare le proprie esigenze ed entra in contatto con la realtà da apprendere. Se l'ego riceve una risposta positiva, la motivazione iniziale viene mantenuta e incrementata.

Ma questo, naturalmente, non basta. L'aspetto più difficile è mantenere viva la motivazione quotidiana, ora dopo ora. Qui, il compito principale è affidato al docente, ma anche l'adulto che apprende deve in ogni momento essere cosciente del processo che compie, senza essere coinvolto in procedure ripetitive ma continuamente guidato verso nuove sfide da superare, che gli consentano di cogliere, tassello dopo tassello, il quadro generale entro il quale si sta muovendo. Quali sono le principali motivazioni alle quali fare riferimento? Sono sostanzialmente tre, quella basata sul dovere, quella basata sul bisogno e quella basata sul piacere. Vediamole in dettaglio.

Le tre motivazioni di base

La motivazione basata sul *dovere* chiaramente non conduce

all'acquisizione ma porta generalmente all'apprendimento, o meglio, all'addestramento. Questo tipo di motivazione riguarda i bambini e gli adolescenti ma anche gli adulti quando si sentono costretti e obbligati ad apprendere. In questo caso, entra in funzione il filtro affettivo che va a bloccare il processo di acquisizione e crea enormi difficoltà a chi lo affronta.

La motivazione basata sul *bisogno* è sicuramente più efficace nell'insegnamento di adolescenti e adulti che riescono a identificare chiaramente le loro esigenze. Questo tipo di motivazione li rende consapevoli e responsabili, anche se spesso occorre compiere un passo in più per superare la pura necessità utilitaristica e arrivare a padroneggiare il bisogno di imparare a imparare.

La terza motivazione è sicuramente la forma più efficace per apprendere e acquisire con successo anche da parte degli adulti: quella del *piacere*. Che significa piacere di apprendere, superare le sfide, arrivare alla scoperta della verità. Questa motivazione è molto stimolante perché è la spinta giusta per imparare a conoscere cose nuove, soprattutto per persone che hanno un vissuto da condividere. Ma cosa sono in realtà le motivazioni? In questo corso, le affronteremo da diverse angolazioni. Qui, ne diamo una definizione particolare. *Le motivazioni sono la benzina per il nostro motore emotivo interiore e sono in grado di promuovere ogni tipo di comportamento.* Con motivazioni forti e ben indirizzate è possibile concentrare l'attenzione, percepire, ragionare, apprendere, memorizzare e aumentare la qualità dei risultati che otteniamo.

Cosa fanno in concreto le motivazioni? Orientano l'attenzione verso gli obiettivi che possono soddisfare le tue aspettative. Mantengono l'attenzione orientata verso questi stessi obiettivi finché non vengono raggiunti. Sono la spinta che ti fa scegliere tra le diverse opzioni quella migliore. Ti aiutano a superare le difficoltà, stimolando la tua creatività. Insomma, dal punto di vista motivazionale, riuscirai a raggiungere un determinato traguardo solo se sarai convinto di farcela e se non ti lascerai spaventare dagli ostacoli.

SEGRETO n 5: le motivazioni rappresentano la benzina per il nostro motore emotivo interiore. Senza di essa non si va da

nessuna parte. Alcune motivazioni ti fanno viaggiare sicuro e senza sporcare il motore. Sono le motivazioni costituite dal piacere e dall'autostima.

Come proteggersi dal filtro affettivo

Quando si affronta un processo di apprendimento bisogna tenere in considerazione, come già abbiamo visto, gli aspetti affettivi, relazionali e l'attenzione delle persone verso la propria autorealizzazione. Il filtro affettivo consente di considerare la persona nella sua totalità, quindi non soltanto per gli aspetti razionali ma anche per tutta la sfera dei sentimenti e inclinazioni che influenzano la sua percezione della realtà e il suo rapportarsi con gli altri.

Nell'esperienza formativa degli adulti bisogna sempre ricordarsi che le passioni, le aspettative e i vissuti sono elementi totalizzanti che se non vengono considerati nel modo opportuno possono pregiudicare la riuscita del processo formativo. Un gruppo di persone adulte che si dedica allo studio non deve essere considerato un organismo statico. Occorre che si conoscano le dinamiche affettive di ognuna di esse, le motivazioni e i bisogni che le spingono ad apprendere. Solo così sarà possibile che esse arrivino al successo formativo, all'autopromozione e autorealizzazione nella comunità in cui sono inseriti. Molti di questi compiti sono naturalmente demandati ai docenti, ma chi partecipa ai corsi deve averli comunque sempre ben presenti perché da lui, in quanto adulto e responsabile, ci si aspetta un contributo attivo e non passivo, diretto e non solo indiretto.

La comprensione empatica
Bisogna, in altri termini, capire che l'apprendimento è un processo autogestito che aiuta a comprendere se stessi e le proprie capacità, quella che in termine inglese viene definita *self efficacy*. Come sostiene Carl Rogers, al centro di tutto c'è l'empatia o, meglio, la comprensione empatica che serve ad aumentare il senso di appartenenza e di apertura al sociale. Ci sono alcuni principi che chiariscono questo concetto e che vale la pena segnalare:
- l'essere umano è portatore di una motivazione cognitiva intrinseca, cioè una spinta naturale a conoscere e apprendere, che va solo valorizzata e stimolata;
- l'apprendimento diventa importante e significativo quando

l'adulto che impara è conscio che in questo modo può soddisfare i propri bisogni personali e realizzare i propri obiettivi;
- se l'adulto diventa parte attiva del processo di apprendimento impara molto di più e con più rapidità che non quando segue schemi standard;
- l'apprendimento autogestito e autopromosso che coinvolge totalmente la persona (mente e sentimento) è più duraturo e pervasivo.

Vi sono però ostacoli sia interni che esterni che possono creare problemi e che vanno superati:
- l'adulto deve evitare di interpretare come una minaccia il fatto che il processo di apprendimento stia operando dei cambiamenti al suo interno né deve cercare di opporvisi;
- l'adulto deve evitare atteggiamenti di ansia e competitività all'interno del gruppo in cui opera, limitando il più possibile conflitti personali e alimentando, al contrario, un clima sereno e di fattiva cooperazione.

Anche i vip quando studiano hanno problemi con gli altri
Gianni Morandi è uno dei più conosciuti cantanti italiani che è diventato da parecchi anni un grande showman e un presentatore e conduttore di successo. Anche lui, durante un momento di crisi della sua carriera, decise che sarebbe stato opportuno ritornare a studiare musica. I primi tempi furono piuttosto duri. Ecco le sue parole: «Riuscii ad entrare come interno al conservatorio di Santa Cecilia. Ricordo la prima volta che ascoltai la *Sagra* di Stravinsky. Tolsi il disco dopo 20 secondi. Oggi la considero una pagina straordinaria».

Morandi studiò contrabbasso, pianoforte, solfeggio e storia della musica quando aveva superato i trent'anni. Eppure si impegnò con serietà e volontà, anche se non riuscì a prendere il diploma perché nel frattempo riprese a cantare. Persino uno come Morandi si trovò di fronte a una certa diffidenza da parte dei professori e dei suoi compagni di studio, che lo snobbavano perché proveniva dalla musica popolare.

Poi, però, si resero conto che Gianni faceva sul serio e ne rispettarono gli sforzi e l'impegno. I suoi studi furono anche coronati da risultati positivi (il cantante di Monghidoro ricorda con orgoglio un bel *9,75* nella prova di setticlavio) e in questo modo divenne uno studente modello. Questo episodio ci insegna che lo studio ci pone tutti sullo stesso piano. Bisogna prendere atto che, ricominciando a studiare, si lascia fuori dalla porta dell'aula (sia fisica che simbolica) il nostro ruolo, le nostre "stellette", e si diventa tutti uguali di fronte alla necessità di apprendere cose nuove.

Come superare la paura degli altri e del loro giudizio
Abbiamo visto come sia facile che i pensieri negativi prendano possesso della nostra mente. Abbiamo capito che alla base di tutto c'è il recupero della propria autostima. Ora cercheremo di fare un passo ulteriore che potrebbe sembrare addirittura contraddittorio, cioè cercare di liberarsi del nostro ego che in effetti è uno dei limiti che ci impedisce di essere liberi. Stimare se stessi, infatti, è l'esatto contrario di dare sfogo al proprio ego.

Ci siamo tolti di mezzo in qualche modo il passato e i problemi ad esso connessi, annullando i pensieri negativi, ora è necessario riconquistare il nostro sé più autentico con una piccola operazione che cercherà di ricostruire la nostra autostima in relazione a chi ci vive accanto. Noi siamo noi in quanto, in continua relazione con gli altri che sono, è vero, il nostro limite ma anche il nostro più importante e insostituibile punto di riferimento. Se gli altri non esistessero più, anche la nostra vita perderebbe ogni significato. Riflettiamoci.

Esercizio.
Qui di seguito, riportiamo una serie di affermazioni che vanno lette, pensate, meditate e condivise nel tuo intimo. Una specie di percorso che ti consentirà di rafforzare e sviluppare la tua consapevolezza. Fai questa lettura in un luogo tranquillo, silenzioso. Soffermati su ogni frase. Lascia che le parole fluiscano al tuo interno senza forzarle. Accompagnando ogni concetto con un lungo, profondo respiro, proprio come se, insieme all'aria potessi veicolare questi pensieri.

- «Ho fiducia in me stesso. Sono conscio di quello che voglio e posso fare»;
- «Ho fiducia negli altri. Sono disponibile, mi sento parte di un gruppo, posso fornire un aiuto come gli altri lo forniscono a me»;

- «Io rispetto me stesso e gli altri. Gli altri fanno altrettanto. Io ho la mia individualità che finisce dove inizia quella di un altro»;
- «Sono libero e responsabile delle mie scelte»;
- «Aspiro a raggiungere la soddisfazione dei miei desideri;
- «Sono indipendente e autonomo ma anche aperto al confronto con gli altri, libero di esprimere la mia vera natura, il mio Io».

Come distruggere i blocchi mentali

Non saprei dirvi per quale motivo, ma da ragazzo quando partecipavo a qualche incontro pubblico e il relatore chiedeva ai presenti di rivolgergli tutte le domande che volevano, io, che pure ne avevo a dozzine, rimanevo bloccato. Mi guardavo intorno e osservavo gli altri. Mi chiedevo quale domanda avrei potuto fare. Una la consideravo troppo banale, l'altra, forse, assurda, quell'altra ancora avrebbe probabilmente suscitato reazioni negative da parte del pubblico. Comunque fosse, mi *mordevo la lingua* e tacevo.

Quando uscivo dalla sala senza aver posto le mie domande mi sentivo profondamente frustrato. Non tanto per non aver potuto soddisfare le mie curiosità, quanto per essermi dimostrato ancora una volta troppo timido e impacciato, incapace di superare la paura degli altri, del loro giudizio. Ho riflettuto a lungo su questo mio problema, finché non ho avuto il coraggio di parlarne a una persona che non era uno psicologo ma mi ha aiutato moltissimo.

Questa persona mi ricordò una frase sentita in un film: «Se hai paura degli altri, immaginateli nudi. Ti aiuterà!» Era un paradosso ma partiva da una verità. Le persone che vivono intorno a noi sono proprio come noi, hanno gli stessi problemi e le stesse ansie. Noi temiamo eccessivamente i loro giudizi anche perché spesso siamo i primi a formularli. Poi, però, prevale in noi (come negli altri) una certa tolleranza che mitiga e ridimensiona qualsiasi critica.

Il nostro ego, sempre invadente, non ama essere messo in discussione, teme di perdere credibilità, il valore personale e professionale, di essere considerato incompetente, incapace, ha paura che si metta in gioco il proprio ruolo sociale, non vuole rischiare il fallimento, l'emarginazione, l'umiliazione ecc. E, per far questo, arriva a impedirci di vivere, di essere liberi. Il che, effettivamente, è esagerato. Se capiterai in qualche incontro pubblico dove ci sono anch'io, vedrai che se ne ho bisogno farò al relatore tutte le domande del caso, e se scorgerai un piccolo sorrisetto sulle mie labbra, forse è meglio che ti copri le parti intime!

Per imparare facilmente comincia a meditare
Rilassarsi è la prima azione che deve compiere una persona quando si accinge a studiare. Montagne di libri, video, corsi sono stati realizzati per cercare di spiegare come procedere in questo senso. Basti sapere che rilassarsi significa anche meditare. Qui qualcuno è portato a fraintendere. Meditare non vuol dire riflettere sui grandi temi della vita, della morte o affrontare strade spirituali o mistiche. Più semplicemente significa liberarsi dei propri pensieri. Di tutti, sia quelli negativi, come abbiamo visto, sia quelli normali. E non è un compito facile.

Ogni giorno, infatti, incameriamo una serie impressionante di input che affluiscono e vorticano spesso in modo incontrollato davanti allo schermo della nostra mente, incrociandosi, sovrapponendosi, confondendosi. A questo punto, è facile alimentare l'ansia e lo stress, e soprattutto perdere calma e serenità, che sono indispensabili per affrontare in modo serio qualsiasi prova di apprendimento.

Che fare allora? Devi essere in grado di staccare la spina. Liberare lo schermo della tua mente da tali immagini fastidiose e creare il vuoto, che ti permette di rientrare in contatto con il tuo Io. Le tecniche per farlo sono innumerevoli, ognuna con i suoi rituali e le sue regole. Io credo che ognuno debba trovare il proprio sistema, quello che più si addice al proprio carattere e alla propria personalità.

Ogni persona, ad esempio, visualizza la sensazione di calma e tranquillità a modo suo: un bel paesaggio montano, una spiaggia solitaria, il sorriso di una donna, le risa di un bambino, una musica dolce in sottofondo, i profumi nell'aria, il gusto di un dolce in bocca, il piacere della mano che accarezza il pelo del tuo cane; insomma qualsiasi cosa che simbolizzi per te un luogo tranquillo e protetto, dove ti senti come a casa tua. Una cosa, comunque, accomuna tutte queste tecniche: la respirazione profonda accompagnata dall'idea di sentire che il proprio respiro entra in modo piacevole dentro il nostro corpo e lo purifica.

Conoscere le onde Alpha (e Theta)

Il rilassamento non è una cosa campata in aria, una sensazione assolutamente personale non verificabile. Al contrario. La scienza ha potuto stabilire con esattezza che quando si entra in uno stato di rilassamento completo l'attività elettrica del nostro cervello cambia, le onde cerebrali modificano il loro ritmo. In altri termini, attraverso l'elettroencefalogramma si sono notati diversi stadi di attività cerebrale a seconda dei vari livelli di coscienza.

Le onde beta, ad esempio, hanno una frequenza che va da 14 a 18 cicli/sec., e corrispondono allo stato di veglia della coscienza ordinaria. Le onde alpha sono tipiche di quella fase di passaggio tra veglia e sonno e hanno una frequenza da 8 a 13 cicli/sec. Ci sono poi le onde theta con frequenza da 4 a 7 cicli/sec. e le onde delta con frequenza ancora più bassa (da 1 a 3,5 cicli/sec.). È facile crearle quando si chiudono gli occhi e soprattutto quando il soggetto non sia impegnato in attività mentali che richiedono una certa concentrazione. Per arrivarci occorre fare tre cose:

- sdraiarsi o sedersi in un luogo comodo e tranquillo;
- chiudere gli occhi e allentare i muscoli del corpo (aprire i palmi delle mani, allentare la mascella);

- respirare regolarmente e profondamente, cercando di visualizzare le cose che più ci fanno piacere e creano serenità.

L'idea che deve prevalere su di te in questi momenti è che tu sei completamente a tuo agio e che ti stai occupando di te stesso. Senza troppo forzare il pensiero, puoi riflettere sul fatto che l'essere umano è naturalmente portato ad apprendere, ad acquisire nuove informazioni, a incrementare la propria conoscenza e che non c'è nulla che possa impedirglielo. Non occorre entrare nel particolare degli impegni ai quali ti stai preparando. Di volta in volta troverai gli stimoli e le sollecitazioni più giuste che ti verranno dettati dalla tua creatività e dalla tua consapevolezza. L'importante è non opporre alcun tipo di resistenza né emotiva né fisica.

Anche il movimento fisico aumenta l'attività delle onde Alpha
Studio e sport. A prima vista possono sembrare ambiti lontani l'uno dall'altro. Invece, è importante sapere che il movimento fisico può aiutare molto l'attività di apprendimento per il fatto che, svolgendo attività motorie di qualsiasi tipo (nuoto, yoga, corsa a piedi, bicicletta ecc.), si aumenta la produzione di endorfine, che potremmo definire analgesici naturali, cariche di

energia vitale, in sostanza droghe buone prodotte dal nostro fisico, in grado di favorire un miglioramento del tono dell'umore, allentare la fatica emotiva, sviluppare un senso di benessere e ottimismo e ottimizzare i ritmi neurovegetativi del sonno, dell'appetito ecc.

È risaputo che l'attività fisica migliora la salute dell'apparato osteoarticolare e cardiovascolare. Ma non bisogna dimenticare anche il notevole contributo che fornisce alla salute psichica in quanto mantiene alto il livello di energia vitale e crea una sensazione di armonia interiore che, consolidando la nostra autostima, favorisce la capacità di attenzione e concentrazione durante tutta la fase dell'apprendimento.

Quando fare attività sportiva? Questo dipende dai propri bioritmi. C'è chi preferisce farlo al mattino, appena sveglio, chi verso il pomeriggio o la sera. L'importante è che non lo si faccia dopo pranzi abbondanti o in condizioni atmosferiche proibitive (troppo caldo o freddo). E, soprattutto, quando si decide di farlo, pensare che questi esercizi sono un modo per dedicarsi a se stessi, per sentirsi bene, più in forma e per potenziare le proprie capacità fisiche e psichiche. Quando riusciamo a sintonizzare il nostro cervello sulle onde Alpha o Theta, sia attraverso il rilassamento, la meditazione o l'attività fisica, la mente si libera da tensioni e contratture, la persona diventa a poco a poco più ricettiva e le informazioni vengono assorbite con maggiore facilità, anziché essere respinte da una frenetica attività cerebrale. In questo modo, restano più a lungo fissate nella nostra memoria. Il passo principale da compiere per affrontare con profitto un processo di apprendimento, è quindi proprio partire dall'attività di rilassamento, perché solo così l'adulto che si accinge a imparare aumenterà la propria abilità di percepire i segnali che gli provengono dall'ambiente e la propria capacità di attenzione.

SEGRETO n. 6: contrariamente a quello che si può pensare, il primo passo per apprendere non consiste nel sottoporsi a un tour de force mentale, con rinunce e sforzi sovrumani, ma nel rilassarsi, meditare e nel fare movimento.

Che cosa significa neuro genesi adulta?
Fino a un secolo fa si riteneva che lo sviluppo del cervello umano avvenisse solo dalla nascita ai tre anni di età, dopo i quali per

l'uomo non esistevano altre possibilità. La neuro genesi, ossia la formazione di nuovi neuroni, era stata individuata da anni negli uccelli e nei topi, ma si riteneva che il nostro cervello, che l'evoluzione ha reso molto più complesso e capace di funzioni mentali avanzate, avesse perso l'abilità di rigenerarsi a scapito della sua superiorità funzionale.

Le ricerche più recenti ci dicono altro: anche il nostro cervello adulto può, per così dire, rinnovarsi. In altri termini, il cervello di tutti, anche quello di un ottantenne, ha a disposizione delle cellule per sostituire i neuroni morti. Oggi con certezza sappiamo che la neuro genesi adulta può avvenire solo in particolari zone dell'encefalo, la regione dei ventricoli e quella dell'ippocampo.

A noi interessa soprattutto quest'ultima perché questa è la regione dell'apprendimento. Qui è stato dimostrato che si formano nuovi neuroni che devono partecipare e garantire la plasticità del cervello e l'apprendimento. L'apprendimento è un processo che, per essere mantenuto, richiede, infatti, una neuro genesi attiva. Non bisogna dimenticare, d'altra parte, che il cervello, come qualsiasi altro organo, si sviluppa con l'uso.

Alcuni esperimenti effettuati su cavie hanno dimostrato che gli stimoli esterni e ambientali favorevoli aiutano il processo di neuro genesi. Vediamo in dettaglio: alcuni topi avevano nella propria gabbia una ruota sulla quale erano costretti a muoversi (modello di esercizio fisico), ad altri topi erano stati messi nella gabbia oggetti con cui interagire (modello di apprendimento). In entrambe le circostanze (esercizio fisico e apprendimento) si è potuto notare il fenomeno della neuro genesi.

La neuro genesi, quindi, può essere attivata con un comportamento attivo e propositivo dell'individuo. Oltretutto, è stato dimostrato che anche varie malattie dalla depressione e patologie più gravi, diminuiscono la loro intensità grazie alla produzione di nuovi neuroni.

RIEPILOGO DEL CAPITOLO 2

- SEGRETO n. 4: Il filtro affettivo è una forma di difesa psicologica, una specie di paravento emotivo che la mente predispone quando una persona agisce in uno stato di ansia, quando ha paura di sbagliare, di mettere a rischio la propria immagine e quindi, in qualche modo, teme di perdere la propria autostima.
- SEGRETO n. 5: Le motivazioni rappresentano la benzina per il nostro motore emotivo interiore. Senza di essa non si va da nessuna parte. Alcune motivazioni ti fanno viaggiare sicuro e senza sporcare il motore. Sono le motivazioni costituite dal piacere e dall'autostima.
- SEGRETO n. 6: Contrariamente a quello che si può pensare, il primo passo per apprendere non consiste nel sottoporsi a un *tour de force* mentale, con rinunce e sforzi sovrumani, ma nel rilassarsi, meditare e nel fare movimento.

CAPITOLO 3:
Come apprendere con successo

Diversi stili di apprendimento

Uno degli aspetti più importanti per chi riprende a studiare da adulto è senza dubbio cercare di capire qual è il suo stile di apprendimento. Naturalmente, in questi casi, tornano alla memoria le esperienze scolastiche. Ad esempio, le letture ad alta voce, la ripetizione di brani da memorizzare, i lunghi, estenuanti, noiosi esercizi da completare. Se una persona adotta questo punto di vista, probabilmente si scoraggia subito in partenza.

Come abbiamo visto, il tempo, la vita trascorsa, le esperienze maturate hanno modificato non poco il nostro modo di vedere l'esistenza e le cose. E anche il modo di affrontare lo studio è cambiato. Bisogna rendersene conto e prenderne atto.

Come apprende un adulto. L'esperienza è formativa?

C'è anche chi pensa che studiare sia, tutto sommato inutile e che, la cosa più importante sia l'esperienza che si acquista lavorando e vivendo. Certamente, nell'attività di formazione degli adulti un aspetto da non trascurare, come si è visto, è il cosiddetto apprendimento esperienziale. Qualcuno lo chiama anche informale, incidentale e si differenzia dall'apprendimento svolto in modo formale attraverso corsi specifici tenuti da docenti e coach.

Quando si parla di apprendimento esperienziale si introducono spesso concetti quali l'autoapprendimento o l'apprendimento personale. Per meglio intenderci, gli adulti, spesso anche senza volerlo, sono costretti ad apprendere ogni giorno cose nuove: nell'ambito del lavoro che svolgono, in famiglia, nella comunità in cui vivono.

In altri termini, le nostre abilità, le informazioni che acquisiamo, la costruzione della nostra conoscenza pratica, il *know-how* che utilizziamo nelle nostre attività e nel lavoro vengono appresi facendo. L'espressione riguarda l'attività cosciente, le dinamiche inconsce e ogni tipo di interazione tra soggetti, testi e contesti diversi.

Secondo studiosi come John Dewey, però, non tutte le esperienze servono a educare. Molte persone hanno vissuto esperienze che non sono servite a nulla come formazione. Mentre altre, dalla medesima esperienza hanno tratto importanti lezioni di vita. Non solo. Alcune esperienze possono addirittura essere disfunzionali per la nostra crescita e per il raggiungimento dei nostri obiettivi. Quindi, possiamo dire che l'esperienza non è sempre formativa. O, piuttosto, lo è se risponde a due requisiti fondamentali:

1. **la continuità**: chi vive una certa esperienza deve essere in grado di poterla ripetere per collegare ciò che lui già conosce con le nuove indicazioni che gli arrivano da questo input iniziale;
2. **l'interazione**: la possibilità di confrontare l'esperienza vissuta con quella delle persone che si trovano nel suo ambiente al fine di poter trarre le necessarie conseguenze logiche.

È peraltro vero che gli adulti accanto all'apprendimento formale, che è previsto e voluto, sono soggetti a un tipo di apprendimento incidentale che si verifica quasi inconsciamente, ad esempio quando si entra a far parte di un nuovo gruppo di lavoro e si scoprono aspetti culturali importanti che riguardano le norme e la politica dell'organizzazione, senza che nessuno ce li abbia mai illustrati. Non bisogna, quindi, sottovalutare l'esperienza perché, anche se non aiuta in modo chiaro la formazione, può rappresentare un punto di partenza importante sul quale incentrare il processo di apprendimento.

L'esperienza alla prova dell'apprendimento
Un adulto si è ormai costituito una sua propria immagine. Una sua precisa identità che coincide con il lavoro svolto e l'esperienza di vita che ha accumulato. Qualsiasi attività di studio non può prescindere da questo presupposto. Le esperienze non possono venire ignorate e, qualora lo fossero, la stessa persona potrebbe avere la sensazione di essere ignorata. Questo deve essere tenuto ben presente da chi ha il compito di formare persone adulte.

Un adulto, inoltre, ha maturato una concezione di sé basata su un forte spirito di indipendenza. Sa di essere responsabile della sua vita e, quindi, essendo motivato all'apprendimento, giustamente pretende che venga rispettato il suo vissuto. Più che i contenuti astratti focalizza la propria attenzione su temi e problemi reali, su soluzioni pratiche, ed è alla ricerca di qualcuno che gli fornisca indicazioni concrete per affrontare il proprio compito senza dimenticare la necessità di comunicare le proprie esperienze ed esprimere la propria capacità di padronanza. L'adulto che apprende non vuole che gli sia richiesto di eseguire solo dei compiti, vuole che gli sia possibile esprimere la propria idea, avere a disposizione esempi, strategie, strumenti utili a risolvere una data situazione. In sintesi, l'adulto che apprende vuole essere partecipe dell'esperienza di apprendimento.

In sostanza, l'apprendimento in un adulto rappresenta un'esperienza di trasformazione. Cioè, non si tratta solo di aggiungere nuove informazioni e conoscenze al proprio bagaglio culturale ma di modificare le idee, le connessioni logiche delle conoscenze passate. La specificità dell'apprendimento dell'adulto basata sull'esperienza se da un lato è fortemente positiva (nuovi input vengono memorizzati più facilmente se appresi per similitudine con concetti già noti) dall'altro, se lo porta a legarsi a stili di apprendimento troppo rigidi, può ostacolare la flessibilità necessaria per acquisire nuove abilità. Subentra, infatti, una certa fissità mentale che può essere di ostacolo, ad esempio, all'apprendimento dell'uso di strumenti tecnologici e multimediali.

SEGRETO n. 7: per l'adulto, che ha maturato un forte spirito di indipendenza, è importante lavorare sulle proprie esperienze a condizione che le nuove informazioni e conoscenze che va accumulando non si aggiungano soltanto al proprio bagaglio culturale ma servano a potenziarlo, integrarlo e modificarlo.

Come scoprire il proprio personale stile di apprendimento
Abbiamo visto come non sia possibile prescindere dall'esperienza, cioè da qualcosa che già fa parte del bagaglio conoscitivo dell'adulto che vuole apprendere. Ora, ci soffermeremo sulla vera e propria funzione cognitiva, cioè sul modo in cui una persona si approccia allo studio, cercando di individuare e comprendere quali percorsi mentali ognuno privilegia nelle sue modalità di scelta. Questo permetterà di creare un identikit cognitivo che potrà tornare utile anche nella quotidiana pratica dell'apprendimento.

Occorre premettere che sarà difficile ottenere un identikit che si adatti perfettamente alla propria personalità. In qualche caso, a causa dell'evidente schematicità delle descrizioni, si renderà necessario fare ricorso a più identikit. L'importante è che la persona si renda conto dell'esistenza di diversi stili di apprendimento e della possibilità di adottarli, mixandoli se necessario o adeguandoli a contesti e situazioni diversi, sempre tenendo presente la propria caratteristica individuale. Ogni identikit sarà accompagnato da una frase esplicativa in prima persona che aiuterà il processo di immedesimazione.

Approccio globale: «Prima di iniziare a studiare voglio avere una visione completa del materiale di apprendimento e dei contenuti generali, che mi aiutino nell'orientamento.»
Approccio analitico; «Voglio iniziare a studiare esaminando i dettagli e da questi ricostruire una visione globale, che mi consenta una ristrutturazione dei singoli concetti in modo più chiaro».
Approccio atomistico: «Quando affronto lo studio, preferisco isolare i singoli elementi di un insieme. Non voglio preoccuparmi dei nessi tra i contenuti né dei contesti di riferimento».
Approccio olistico: «Voglio mettere in evidenza da subito le connessioni tra i singoli concetti inserendole in un contesto di significato più ampio».

Approccio visuale: «Per me si impara meglio vedendo immagini, foto, schemi, tabelle. Così riesco a comprendere i concetti in modo più completo».

Approccio verbale: «Quando ho imparato un concetto, preferisco ripeterlo a voce. Parlando posso capire se riesco a controllarlo o mi sfugge».

Approccio concordante: «Credo che l'importante sia che mi vengano fornite istruzioni ed esempi chiari e precisi ai quali io mi atterrò scrupolosamente».

Approccio discordante: «Ho bisogno di avere tutte le informazioni possibili, soprattutto quelle contraddittorie, all'interno delle quali darmi da fare per trovare quelle più adatte a risolvere il mio compito».

Approccio risolutore: «Non voglio limitarmi a dare risposte univoche ai problemi. Mi piace cercare di confrontare idee diverse per comprendere meglio il problema e risolverlo».

Approccio assimilativo: «Cerco di trovare una soluzione analizzando una variabile alla volta. Per questo ho bisogno di aver bene assimilato le conoscenze precedenti e disporre di informazioni chiare».

Approccio sistematico: «Mi piace lavorare sulle mie ipotesi. Poi controllare se queste possono essere realmente valide».

Approccio intuitivo: «Voglio essere io a trovare la soluzione giusta. Non mi piace pianificare lo studio. Cerco di sfruttare i momenti propizi in cui mi sento dell'umore giusto».

Approccio riflessivo: «Prima devo valutare con attenzione tutte le ipotesi che ci sono sul tappeto. Poi scelgo la migliore. Preferisco pianificare e organizzare con precisione la mia attività di studio».

Rileggi i diversi approcci che ti abbiamo suggerito e segna quelli che meglio ti si adattano. Ricorda che per iniziare qualsiasi percorso occorre prima imparare a conoscersi.

Accanto a queste caratteristiche vi sono anche modi diversi di approcciare l'esperienza di apprendimento, secondo altri criteri.

- **Somiglianze o differenze**: Sei portato a studiare per verificare che le informazioni che possiedi siano esatte o preferisci, invece, evidenziarne le differenze, scoprendone la novità?
- **Avvicinamento o allontanamento**: Studi perché sai che i traguardi che otterrai ti gratificheranno oppure lo fai perché al contrario, se non lo facessi, ti troveresti ad affrontare

situazioni più difficili?

- **Interno o esterno**: Per te il successo nello studio lo decretano gli altri oppure è una cosa che ti soddisfa internamente, indipendentemente da qualsiasi valutazione esterna?
- **Possibilità o necessità**: Per te studiare è la possibilità di ottenere nuove conoscenze, soddisfare le tue curiosità oppure rispondere a esigenze e obblighi di diverso tipo?

Queste domande, alle quali dovrai rispondere per iscritto, devono consentirti di scoprire quali sono realmente le tue motivazioni più profonde e aiutarti a definire in modo preciso i programmi e i tempi per realizzare il tuo progetto. Al termine di questo percorso, dovresti aver fatto più luce al tuo interno, in modo da facilitarti qualsiasi decisione al riguardo.

Esercizio pratico

Non possiamo conoscere quali sono le materie e gli argomenti di studio che dovrai approfondire, ma ti possiamo fornire elementi utili per affrontare qualsiasi tema e diventarne padrone. In altri termini, acquisire conoscenze. Gli esercizi che proponiamo si articolano su tre livelli che corrispondono ai più importanti e generali stili di apprendimento. Il primo è quello che definiamo cognitivo che fa leva principalmente sulle attività astratte del pensiero, il secondo è quello comportamentale, cioè che si riferisce alla capacità operativa di mettere in pratica ciò che si è appreso, il terzo è quello affettivo, che riguarda gli aspetti emotivi ed emozionali dell'apprendimento.

Stile cognitivo: fatti tutte le domande che puoi
Dopo aver letto qualcosa di nuovo o ascoltato una lezione cerca di isolare gli elementi che hai afferrato mentalmente. Voglio ricordarti che *capire* deriva dal verbo latino *capio*, che vuol dire letteralmente prendere, tenere in mano, possedere.

Questi elementi possono essere numerosi o solo pochi ma rappresentano dei punti fermi che ti aiuteranno a entrare più a fondo nell'argomento. Ora cerca di isolarli uno per uno, cercando di padroneggiarli con sicurezza. Di solito i concetti sono come gli anelli di una catena che si reggono uno all'altro. Trova per ognuno di essi una o più parole-chiave e circoscrivile. Ora collega ogni concetto a un altro affine per contiguità, aiutandoti anche con schizzi, pennarelli di colori diversi e, se necessario, altri appunti sintetici. Verifica se essi mantengono una sequenza logica o temporale e comunque sempre significativa, senza trascurare, se esistono, aspetti creativi e fantasiosi che puoi aggiungere.

In questa attività ti può aiutare una tecnica di rappresentazione grafica della conoscenza che risale allo psicologo inglese Tony Buzan che ha creato un diagramma nel quale i concetti vengono presentati in forma grafica. Quello principale si trova al centro dello schema mentre gli altri (approfondimenti, dettagli) via via più all'esterno. Ora *stressali*, come si dice oggi, cominciando da quello principale, cioè esponili a un fuoco di fila di domande, di dubbi, di ipotesi, anche le più fantasiose. Come reagiscono? Da essi riesci a trarre altri spunti per approfondire il tema? Riesci a scovare altre parole-chiave importanti? Crea attorno ad ognuna di esse altri cerchi e collegali ove possibile.

A questo punto ti conviene scrivere tutte le domande e le obiezioni che sono sorte nella tua mente. Ti accorgerai che dovendo razionalizzarle per poterle esporre in un italiano comprensibile, in qualche caso alcune cadranno, dimostrandosi palesemente assurde o illogiche. Altre troveranno risposte adeguate attraverso un ulteriore controllo del testo che, in prima istanza, ti erano sfuggite. Infine, resteranno quelle alle quali non sai proprio dare risposta o un'esatta collocazione all'interno del problema. Se ti segue un coach è il caso di sottoporre a lui tali domande, oppure a chi studia con te o a chi ti è più vicino. Il dialogo con gli altri stimola in modo incredibile la nostra capacità di comprensione e succede spesso che alcuni concetti, una volta esposti verbalmente e discussi a ruota libera con altre persone possano risultarti decisamente più chiari.

Stile comportamentale: rifatti sempre alle cose che sai
Di fronte a concetti o argomentazioni nuove ci si può trovare un po' smarriti. Ma gli adulti che imparano possono ricorrere alla propria esperienza, al proprio vissuto per rendere meno ostici certi processi di apprendimento. Cerca di non fossilizzarti sul tema, spazia mentalmente anche in altri ambiti e non aver paura di trovare connessioni e somiglianze. Lasciati guidare dall'intuito e cerca di affrontare ogni argomento, ponendoti inizialmente questo tipo di riflessione: «È un po' come se fosse...». E cerca di collegare le nuove conoscenze ad altre che già possiedi. Ricordati che non c'è nulla di nuovo sotto il sole. Le similitudini nei campi

della conoscenza e della tecnica, anche se assolutamente diversi tra loro, esistono e sono un sistema efficace per creare connessioni, imparare e memorizzare. Anche se a prima vista possono sembrare paradossali.

Anzi, più paradossali sono, meglio svolgono questa loro funzione mentale di facilitazione dello studio. Anche in questo caso, poi, il confronto con gli altri può essere più che utile. Parlandone insieme, infatti, possono emergere ulteriori, interessanti prospettive in grado di rendere più vivo e coinvolgente il tema che si sta studiando.

Stile affettivo: mettici un po' d'affetto o di emozione
Quando hai studiato un argomento, è importante cercare di capire se lo hai compreso bene. Prima di confrontarti con gli altri, prova a metterlo a punto, esponendolo ad alta voce, senza che nessuno ti ascolti. Perché la cosa abbia maggiore efficacia e una presa diretta dal punto di vista emotivo, immagina diverse situazioni. Puoi essere il padre che spiega al figlio le cose che hai studiato e vuoi farlo in modo semplice e diretto perché desideri che tuo figlio capisca bene. Oppure, pensa di dovere esporre davanti a una

platea di spettatori ignari del tema, questo argomento. Devi arrivare a provare quella particolare emozione che si ha quando si parla in pubblico, devi immaginarti gli sguardi attenti delle persone ecc. In realtà, non devi preoccuparti di nulla: sei solo, nessuno ti sente e puoi ripetere all'infinito il tuo intervento.

«Non smettiamo di giocare perché diventiamo vecchi, diventiamo vecchi perché smettiamo di giocare».

Scava dentro di te e buona fortuna!
Abbiamo visto quanto sia importante nella fase di apprendimento, la componente sensoriale. D'altra parte, non può essere che così. Il primo stadio di elaborazione delle informazioni che ci arrivano dalla realtà circostante, sono a carico di processi fisiologici propri di ogni senso. La percezione è il frutto di un'elaborazione sensoriale svolta attraverso i meccanismi di ricezione dal mondo fisico delle varie forme di energia e di conversione della stessa energia fisica in segnali nervosi. La PNL le classifica VAKOG, cioè sensazioni visive (V), auditive (A), cenestesiche (K), olfattive (O) e gustative (G). Non va mai dimenticato, però, che noi selezioniamo queste informazioni attraverso l'attenzione, che

funge da filtro e permette di utilizzare nel modo più efficace ed economico le risorse operative della nostra mente che sono limitate.

Oggi si parla con molta frequenza di persone *multitasking*, che cioè sono in grado di svolgere più compiti contemporaneamente. Su questo aspetto occorre riflettere. Certamente, la nostra attenzione può essere divisa se i compiti richiedono abilità diverse, in quanto le informazioni vengono elaborate su percorsi nervosi diversi. Ad esempio, si può guidare l'automobile e contemporaneamente ascoltare musica.

Al compito primario, la guida, riservo tutte le risorse necessarie affinché l'attività venga svolta con profitto, al compito secondario, ascoltare musica, dedico solo le riserve residue (dando comunque prevalenza a eventuali segnali sonori, ad esempio il clacson, che riguardano e possono condizionare la mia attività primaria). Se voglio svolgere contemporaneamente due compiti che richiedono un impegno di apprendimento, invece, andrò sicuramente incontro a un insuccesso perché esiste una naturale interferenza strutturale che mi bloccherà.

A parte queste considerazioni, siamo tutti d'accordo sul fatto che ognuno di noi ha una sua propria esperienza soggettiva e personale che tende a privilegiare l'utilizzo di canali sensoriali diversi, cioè quelli visivi, auditivi, cenestesici e, con frequenza minore, quelli uditivi e olfattivi. Anche dallo stesso modo di esprimersi, si capisce quale canale sensoriale privilegiamo di più: c'è chi dice: «Sento che devo studiare!» (U), oppure: «Vedo che non c'è altra soluzione che lo studio!» (V). Oppure: «Mi trovo in una situazione che mi spinge a studiare!» Ma anche il modo stesso di organizzare le informazioni e le esperienze varia da soggetto a soggetto, secondo le singole storie personali, tanto che ogni individuo mette in atto sue proprie strategie per ottenere gli obiettivi che si è prefissato.

Come riuscire a conoscere le strategie che contraddistinguono il nostro peculiare approccio a un determinato problema? Anche qui, è importante riflettere e farsi delle domande alle quali rispondere in modo immediato e diretto, possibilmente per iscritto.

- Di cosa hai bisogno per cominciare a studiare? (dal punto di vista psicologico e pratico);

- Cosa succede se tu inizi a studiare? (immaginati vari scenari possibili);
- Come fai a sapere di essere in grado di studiare? (individua i tuoi punti di forza);
- Come ti sei sentito quella volta che hai ottenuto un buon risultato nello studio? (rievoca le positive sensazioni provate in qualche circostanza di studio).

SEGRETO n. 8: conoscere se stessi, come dicevano i Greci, è il compito più importante da cui discendono tutte le altre aspirazioni dell'uomo. Conoscersi significa capire di quali strumenti disponiamo e come possiamo usarli per ottenere i risultati che desideriamo.

Come realizzare un piano efficace per la tua attività di apprendimento

Per ottenere obiettivi formativi validi e soprattutto duraturi occorre un'azione continua e una buona dose di determinazione. Qui, non ci riferiamo tanto alla motivazione di cui abbiamo già accennato e che dobbiamo dare per scontata, quanto alla capacità di pianificare in modo logico ed efficiente l'obiettivo dell'apprendimento. Il successo, infatti, si basa sul fatto che chi intraprende questo percorso deve avere le idee chiare e deve conoscere con precisione il risultato al quale tende.

1. **Descrivere per iscritto il proprio obiettivo formativo:**
   - Completare corsi specifici di formazione professionale;
   - Frequentare un corso per ottenere un diploma o una laurea;
   - Seguire attività di perfezionamento professionale per migliorare la propria carriera.
2. **Definire l'obiettivo finale:**
   - Scrivere con precisione quale sarà il risultato della tua attività di studio;
   - Sii concreto e realista. Non lasciarti andare a voli pindarici;
   - Occorre che tu circoscriva con serietà il risultato al quale tendi, valutando con obiettività le forze che sei disposto a mettere in campo;
3. **Fissare la data entro cui raggiungere l'obiettivo formativo**
   - Una data rappresenta un impegno preciso sul quale orientare il proprio percorso;
   - La scadenza contribuisce a motivare la tua attività. Sceglila con attenzione, anche se all'inizio non sarà facile determinarla

con precisione assoluta;
- Se il caso lo richiede, stabilire scadenze intermedie per avvicinare l'obiettivo qualora questo richieda passaggi più complessi.

4. Fare una lista di tutte le azioni necessarie per raggiungere l'obiettivo:
- I requisiti richiesti a livello formale o procedurale;
- Gli aspetti pratici e burocratici che occorre assolvere;
- Organizzare e dare una corretta priorità alla lista.

5. Avviare concretamente l'operazione:
- Iscriversi al corso prescelto;
- Svolgere tutte le incombenze necessarie per l'iscrizione;
- Cominciare a pensare allo svolgimento della propria attività formativa: disporre di una stanza o un luogo tranquillo in cui studiare, tempo giornaliero da dedicare allo studio, riprogrammare la propria vita rinunciando ad attività che possano distrarre dall'obiettivo ecc.;
- Pensare alle incombenze finanziarie necessarie ad affrontare lo studio, a permessi o agevolazioni da chiedere al proprio datore di lavoro, aiuti o prestiti di associazioni o contributi possibili, ecc.

6. **Seguire con costanza il progetto:**
- All'inizio, l'impegno deve essere continuativo e molto determinato, il che richiede uno sforzo supplementare. Ciò almeno fino a quando non si stabilisce una buona routine (sappiate che secondo alcuni studi si può dire di aver acquisito una nuova abitudine se essa viene applicata per almeno 21 giorni consecutivamente);
- La tensione continua verso l'obiettivo, lo mantiene vivo e produce uno slancio utile a ottenere il successo finale.

7. **Affrontare le difficoltà con ottimismo:**
- Di fronte a problemi nell'apprendimento, risultati insoddisfacenti ecc. cerca di analizzarne le cause. Possono esserci stati cali di tensione, distrazioni. Non lasciare che questi sentimenti si trasformino in pensieri negativi (non giudicarti, ma non assolverti nemmeno per principio), parlane con il tuo coach, rifletti con chi ti è più vicino e condivide i tuoi sforzi.

8. **Rivedere il progetto di fronte a situazioni che cambiano:**
- Può capitare che nel tempo il progetto debba essere cambiato o perfezionato. In questo caso, occorre riscrivere tutte le diverse fasi del processo, adeguandole alle novità intervenute.

9. Non mollare mai:

- Capita spesso che molte persone, animate da ottime intenzioni e sorrette da valide motivazioni, abbandonino il progetto di apprendimento sul quale hanno lavorato molto proprio mentre sono arrivate a intravedere il traguardo. Bisogna evitare che ciò accada. Sarebbe poi difficilissimo, se non impossibile, riprendere. Occorre perciò che non venga mai allentata la presa, la chiave del successo sta proprio nella capacità di non perdere mai di vista l'obiettivo finale.

Adattamento e modifica della realtà

Questo è forse il paragrafo più complesso del corso. Ero in dubbio se affrontarlo o meno. Poi ho deciso di farlo perché mi sono reso conto che attorno ai concetti che esporrò ruotano tutti gli aspetti di maggiore novità contenuti in questo breve lavoro. Partiamo da una constatazione che può sembrare ovvia ma non lo è: il significato della realtà, del mondo non è mai semplicemente dato una volta per tutte ma viene scoperto e ricostruito ogni volta che una persona utilizza il proprio pensiero per cercare di comprenderlo, perché, così facendo, cambia anche il contesto culturale in cui lo esprime e lo attua. Secondo i più recenti esperimenti della fisica quantistica riguardanti il principio dell'osservatore «una particella della materia non si muove senza osservatore, mentre si muove se osservata dall'osservatore». Può sembrare un gioco di parole ma dentro questo concetto c'è una verità potente e cioè che la nostra presenza e il modo in cui osserviamo la realtà può rivoluzionare la realtà stessa.

La visualizzazione creativa

Vediamo di inserire questo concetto nel processo di apprendimento. Perché l'uomo impara cose nuove? Perché sente che gli manca qualcosa, che la sua storia personale ha bisogno di essere integrata e aiutata a espandersi. Nel processo formativo, la persona elabora conoscenze e saperi che gli sono utili per rapportarsi alla realtà e per costruire e ricostruire la sua identità, e contemporaneamente accettare la realtà ma anche modificarla. Se l'uomo non avesse la possibilità di adattarsi alla realtà attraverso la sua interpretazione (i suoi valori, le sue esperienze, i suoi contesti) non potremmo avere un processo formativo.

Ma quando l'apprendimento arriva finalmente a creare comportamenti nuovi, cioè a cambiare noi stessi dal profondo?

C'è un metodo che ha dato sempre grandi risultati, quello della visualizzazione creativa. Ne ho già parlato ma ci torno volentieri. Il punto-chiave di tutto è che il soggetto con questo sistema semplice quanto efficace osserva se stesso mentre realizza il proprio obiettivo di apprendimento e conseguentemente il cervello sarà in grado di generare comportamenti rivolti a quel risultato.

Si tratta di una pratica educativa autoriflessiva che consente alla persona di assumersi la responsabilità del proprio agire, di gestire direttamente, in un approccio più sistematico, i processi di apprendimento, di prendere pian piano consapevolezza del percorso che sta compiendo, del proprio sistema di saperi e di conseguenza interrogarsi sulla propria identità, su come qualsiasi informazione vada, quasi miracolosamente, a incasellarsi nella struttura formativa globale. Inoltre, la persona che apprende si rende conto di quali processi cognitivi vengono utilizzati, con quali stili e approcci si affrontano le esperienze di acquisizione, quali stati affettivi ed emotivi sono implicati, quali aree della propria esistenza non hanno ancora trovato una storia che le spieghi.

Osservare noi stessi mentre ci muoviamo, mentre pensiamo, mentre decidiamo, è come avere un'entità che, qualche centimetro sopra la nostra testa, svolge il compito di osservatore, di consigliere. Passiamo, cioè, dal comportarci "come se" fossimo persone che stanno di fronte a un'esperienza di studio (suggestione) a persone che realmente "si vedono compiere questa esperienza", consce di essere nel bel mezzo di un gesto rivoluzionario per se stessi e per gli altri (visualizzazione creativa).

Esagerato? Non tanto. Perché tutto questo porta la persona ad aprirsi al cambiamento, ad attivare processi di elaborazione e interpretazione del cambiamento stesso, di promuoverlo e in alcuni casi di darne legittimazione, riuscendo a mettere in dubbio quei sistemi cognitivi, emozionali, relazionali, che aveva sedimentato nel tempo dentro di sé e che le impedivano di sperimentare esperienze diverse.

SEGRETO n. 9: secondo la fisica quantistica, una particella della materia non si muove senza osservatore, mentre si muove se viene osservata da un osservatore. In altri termini,

la nostra presenza attiva e il modo in cui ci poniamo di fronte alla realtà è sufficiente a cambiarla.

Come passare dall'apprendimento auto diretto al confronto con gli altri (mirroring)

Come ho accennato, l'apprendimento auto diretto attraverso la visualizzazione riflessiva si pone come pratica che consente al soggetto di interrogarsi sul proprio processo di formazione, sui propri vincoli e sulle proprie risorse. Ma l'uomo è un essere sociale e deve aprirsi al confronto con gli altri. Il suo compito perciò, una volta fatta chiarezza dentro di sé, è quello di rintracciare i processi di apprendimento e di formazione nel sistema di attività, di azioni reciproche, di relazioni e scambi che si sviluppano in un contesto sociale.

Ricordo che la modalità più spontanea, più naturale e antica, oltre che più efficace dal punto di vista dell'apprendimento, è proprio la conversazione, il dialogo, la discussione e l'ascolto degli altri. Da parte del soggetto, esporre le proprie idee, raccontare la propria storia esprime forme comunicative connesse con le esigenze più semplici ed elementari di acquisizione delle conoscenze e, per questo motivo, accessibili alla maggioranza delle persone. Il soggetto, attraverso l'approccio autobiografico, diventa ricercatore di se stesso e quindi può riconquistare il proprio potere auto formativo; mettendo a confronto le esperienze che gli derivano dai suoi studi, dalla sua storia personale con le informazioni, per lo più sconosciute, che emergono dai rapporti con gli altri, egli completa questo processo in modo sociale.

D'altra parte, ormai, anche la scienza ha confermato queste teorie in modo inequivocabile. Si parla, infatti, sempre più spesso di *mirroring* o rispecchiamento che può diventare un metodo didattico efficacissimo. In altri termini, significa che l'uomo apprende per imitazione anche perché nel nostro cervello sono stati scoperti dei neuroni, chiamati neuroni-specchio, che si attivano in modo selettivo sia quando compiamo un'azione, sia quando osserviamo un'azione compiuta dagli altri. In altre parole, questi neuroni dell'osservatore riescono a trovare sintonia con quelli che sono attivati nella mente del soggetto osservato, come se a compiere quell'azione fosse l'osservatore stesso.

E così si arriva al concetto rivoluzionario su cui ruotano le considerazioni di questo corso, che riassumo brevemente. La corteccia del cervello dell'uomo viene attivata:

- quando, sfruttando il potere della visualizzazione riflessiva: pensiamo di vivere un evento reale anche se esso è frutto della nostra autosuggestione;
- quando, sfruttando il potere della visualizzazione creativa: ci osserviamo compiere un'esperienza nuova;
- quando osserviamo le azioni altrui comportandoci come se l'attività fosse svolta da noi.

Questo meccanismo facilita in modo notevole la creazione di una nuova identità e quindi di nuovi comportamenti collegati al processo di apprendimento. Non dimenticarlo mai!

SEGRETO n. 10: si chiama *mirroring* il fenomeno per cui l'uomo apprende per imitazione. Nel nostro cervello, infatti, sono stati scoperti neuroni, chiamati neuroni-specchio, che si attivano in modo selettivo sia quando compiamo un'azione, sia quando osserviamo un'azione compiuta da altri.

«Chiunque smetta di imparare è un vecchio, che abbia 20 anni o 80. Chi continua ad imparare, giorno dopo giorno, resta giovane. La cosa migliore da fare nella vita è mantenere la propria mente giovane ed aperta». Henry Ford (Industriale)

Come continuare ad apprendere per tutta la vita

Nel nostro percorso ci siamo rivolti in particolare alle persone adulte che hanno deciso di continuare a studiare attraverso corsi e scuole tradizionali per ottenere un titolo di studio che consenta loro di fare carriera o per migliorare la propria professionalità. Alla fine, però, abbiamo capito che l'apprendimento continuo è una necessità per tutte le persone e che la formazione è in ogni caso necessaria non solo per poter conservare e sviluppare le proprie conoscenze personali ma anche per diventare individui più partecipi della propria vita e coscienti delle proprie scelte.

Gli adulti che apprendono, quindi, non sono solo studenti non tradizionali, in là con gli anni, impegnati a recuperare conoscenze e informazioni che non hanno potuto portare a compimento quando erano più giovani, ma siamo tutti noi quando crediamo che sia assolutamente indispensabile sviluppare specifiche abitudini di apprendimento per restare uomini e donne del nostro tempo.

Ecco perché a questo punto voglio fornire a tutti i lettori, anche a quelli che non pensano di seguire corsi o scuole particolari, alcune precise, semplici ma efficaci strategie o abitudini di successo per continuare a imparare nel corso di tutta la loro vita, indipendentemente dall'età che hanno.

1. **Leggere.** Leggi sempre, più che puoi. Spegni il televisore e apri le pagine di un buon libro (quasi tutti i libri sono buoni). Per divertimento e per conoscenza. Questa miscela di informazioni utili e di storie rappresenta il mix giusto per evitare che la lettura diventi troppo noiosa.

2. **Scrivere.** È importante scrivere sempre le proprie impressioni riguardo alle esperienze vissute, condividerle su riviste online, blog, o semplicemente riflettere su quello che si è imparato. Scrivere di cose che si conoscono aiuta a interiorizzare le conoscenze appena acquisite, utilizzando le proprie parole e le espressioni che distinguono il nostro modo di vedere la realtà. In poche parole, vuol dire personalizzare la conoscenza. Questo conferma che l'apprendimento è avvenuto e si è sedimentato dentro di noi.

3. **Condividere.** È sempre importante che ciò che sappiamo venga condiviso con gli altri. Questo accade sempre nelle conversazioni casuali ma occorre anche trovare spazi istituzionali e mirati dove potersi esprimere liberamente:

associazioni, luoghi di formazione, incontri in libreria, strutture di comunità ecc. Parlando con gli altri e ascoltandoli rafforziamo le nostre conoscenze e le mettiamo continuamente alla prova. Questo procedimento si chiama dialettica e serve a renderci più sicuri di noi.

4. **Fare volontariato.** Quando ritieni di sapere a sufficienza in un determinato ambito (tecnico, specialistico ecc.) puoi trasmettere agli altri la tua conoscenza. Ci sono numerosi centri di studio che si avvalgono di istruttori volontari o, nelle aziende, attraverso compiti di mentoring, cioè di affiancamento ai dipendenti meno esperti. Attraverso questa esperienza, se svolta con passione e spirito aperto, scoprirai di imparare molto di più di quando ti trovavi dall'altra parte della cattedra.

5. **Navigare su Internet.** Anche Internet può essere utilizzato per continuare la propria attività di apprendimento creandosi una rete *online* per raccogliere tutte le informazioni e le nozioni che riteniamo più utili, tra quelle disponibili sulla piattaforma, scambiando opinioni, pareri, idee attraverso i numerosi sistemi di comunicazione con altri utenti.

6. **Mettere in pratica.** Metti, cioè, continuamente alla prova ciò

che hai appreso. Qui non possiamo fare altro che una serie di esempi. Frequenta mostre d'arte. Partecipa a convegni. Fai viaggi di istruzione per migliorare la conoscenza delle lingue. Scrivi racconti o articoli su ciò che conosci.

7. **Rispettare i tempi.** Occorre prevedere di destinare una parte del proprio tempo libero all'apprendimento e stabilirlo con esattezza, cercando di fare il possibile per rispettarlo. È uno dei compiti più difficili perché senza obblighi o scadenze, che invece sono imposti a chi si iscrive a corsi o programmi di studio istituzionali, si può essere distratti dal ritmo frenetico della nostra vita e dimenticare questo impegno.

8. **Pianificare.** Per cercare di mantenere fede all'impegno preso con se stessi di continuare per tutta la vita il processo di formazione, ci può venire in aiuto la stesura di un piano di azione e uno schema che stabilisca tempi e modi per l'attività di formazione e una gestione efficiente del tempo e delle risorse da dedicarvi.

9. **Stabilire una priorità.** Quando si capisce e si interiorizza il valore dell'apprendimento si deve essere anche capaci di comprendere quanto questa attività rappresenti una priorità. Certo, ciò sarà possibile solo attraverso una forte auto

motivazione in grado di spingerci al raggiungimento degli obiettivi che ci siamo prefissati di raggiungere. Sapendo che nessuno ci aiuterà tranne la nostra molla interna.
10. **Divertirsi.** Apprendere significa anche lasciare libero sfogo alla propria fantasia e creatività. Capire che l'apprendimento è un'opportunità che si trova dovunque, basta tenere sempre gli occhi aperti. L'importante è che si capisca che occorre frequentare luoghi dove certi stimoli positivi possono essere colti e sviluppati. In qualche caso, si può persino affrontare ambiti che ci sono totalmente ignoti, come il teatro, la danza ecc.

Insomma, il mio intento era quello di farti capire che l'apprendimento è un'avventura. Una delle più belle e affascinanti. Può servirti per poter raggiungere i tuoi traguardi personali o professionali, ma non è solo quello: ti servirà soprattutto per cambiare, migliorare te stesso e la realtà che ti circonda. E scusa se è poco.

RIEPILOGO DEL CAPITOLO 3

- SEGRETO n. 7: Per l'adulto, che ha maturato un forte spirito d'indipendenza, è importante lavorare sulle proprie esperienze a condizione che le nuove informazioni e conoscenze che va accumulando non si aggiungano soltanto al proprio bagaglio culturale ma servano a potenziarlo, integrarlo e modificarlo.
- SEGRETO n. 8: Conoscere se stessi, come dicevano i Greci, è il compito più importante da cui discendono tutte le altre aspirazioni dell'uomo. Conoscersi significa capire di quali strumenti disponiamo e come possiamo usarli per ottenere i risultati che desideriamo.
- SEGRETO n. 9: Secondo la fisica quantistica, una particella della materia non si muove senza osservatore, mentre si muove se viene osservata da un osservatore. In altri termini, la nostra presenza attiva e il modo in cui ci poniamo di fronte alla realtà è sufficiente a cambiarla.
- SEGRETO n. 10: Si chiama *mirroring* il fenomeno per cui l'uomo apprende per imitazione. Nel nostro cervello, infatti, sono stati scoperti neuroni, chiamati neuroni-specchio, che si attivano in modo selettivo sia quando compiamo un'azione, sia quando osserviamo un'azione compiuta da altri.

Conclusione

Cerchiamo di cogliere nella sua globalità il percorso che abbiamo compiuto insieme. Il primo passo è stato quello di individuare ed eliminare dentro di noi i pensieri negativi che fino ad oggi hanno ostacolato il nostro desiderio, la nostra aspirazione a continuare a imparare e migliorare il bagaglio di conoscenza. Era un passaggio obbligato in quanto, ci ha consentito di recuperare in pieno la nostra autostima.

Poi, continuando a farci un'idea di come funziona quella preziosa macchina che è il nostro cervello, ci siamo occupati di alcuni aspetti della motivazione, del filtro affettivo nei confronti degli altri e della necessità del rilassamento e della meditazione per affrontare con successo il processo di apprendimento.

Nell'ultimo capitolo, poi, abbiamo individuato qual è lo stile di apprendimento che più si avvicina alle nostre caratteristiche personali e individuato le nostre reali potenzialità partendo dall'esperienza passata. In questo modo, abbiamo compreso l'importanza di pianificare la nostra attività di apprendimento. Ci siamo, quindi, soffermati sul tema di fondo, cioè l'apprendimento inteso come cambiamento e trasformazione di sé e della realtà che ci circonda.

Un percorso impegnativo e affascinante. Un percorso al termine del quale, chi lo ha seguito con attenzione, svolgendo con onestà e serietà quei compiti di autoanalisi che gli sono stati di volta in volta suggeriti, potrà sentirsi più forte e in grado di affrontare con meno timori e più determinazione la sfida destinata a durare una vita, quella della conoscenza continua e della propria crescita personale.

www.ingramcontent.com/pod-product-compliance
Lightning Source LLC
Chambersburg PA
CBHW050916160426
43194CB00011B/2431